情緒自癒

七種常遇心理傷害與急救對策

Emotional First Aid

Healing Rejection, Guilt, Failure,and Other Everyday Hurts

蓋・溫奇 Guy Winch 著　祁怡瑋 譯

目錄

5 反芻思維：狂摳結痂的情緒傷口 189

情緒自救練習索引

各界好評

「溫奇博士這本中肯實用、機智詼諧、思路清晰的著作，爲日常生活中林林總總的痛苦，提供了經過驗證的處方，及時服用可預防輕度和中度的情緒不適惡化成重症——心理師溫奇博士開給我們的，正是這種用來及時搶救壞情緒的妙方。」

——珍・賽佛博士（Jeanne Safer, Ph.D）

《死亡的益處：失去父母，是我們二度成長的機會》（*Death Benefits How Losing A Parent Can Change An Adult's Life: For The Better*）作者

「在這本令人耳目一新的實用書中，溫奇提出的建議既實在又可行。當你感覺天崩地裂的時候，這些腳踏實地的技巧眞的能帶來解脫。」

——艾內利・魯福斯（Anneli Rufus）

《自卑之書》（*The Big Book of Low Self-Esteem*）作者

「傑作啊傑作……爲坊間的自助書籍再添一本無價之作。」

——《出版人週刊》（*Publishers Weekly*）

「獻給全天下『不滿族』的一本好書。」

——《圖書館學刊》（*Library Journal*）

「想像……歷經一整天的煩擾、挫折與傷害（換言之，就是度過很典型的一天），你打開自家的心理急救箱，拿出撫慰人心的情緒保健處方……這是我們都在追求的生活方式，這也是所謂『自助』的意義——有效又療癒的自我照顧。」

——梅格・賽利格（Meg Selig）

《改變的力量：成功改掉壞習慣的三十七個訣竅》（*Changepower! 37 Secrets to Habit Change Success*）作者

「見解獨到、切實可行……一本深入淺出、引起共鳴的好書。」

——《紐約書刊》（*New York Journal of Books*）

「事實證明，閱讀蓋・溫奇的精采新作是一次氣力萬鈞的閱讀體驗。」

——蘇珊・海特樂博士（Dr. Susan Heitler）

雙人力量婚姻諮詢網（PowerofTwoMarriage.com）創辦人

「許多日常的情緒低潮都能用一、兩個簡單的自助技巧輕鬆解決。一旦知道要服用哪一帖處方，你就能增強情緒免疫力，在未來的日子裡常保心理健康。」

——蘇珊・克勞斯・惠特邦博士（Susan Krauss Whitbourne, Ph.D.）

《自我實現的追尋》（*The Search for Fulfillment*）作者

【前言】

為受創的情緒療傷止痛

感冒了該怎麼辦？想都不用想，隨便一個十歲小孩都會立刻建議你要多休息和喝雞湯。膝蓋割傷了怎麼辦？孩子也懂得要清創（或塗抗生素藥膏）和包紮。孩子還知道腳骨折了要打石膏，骨頭才會回到正確的位置。接著再問問孩子爲什麼必須採取這些步驟，他們會告訴你這麼做一方面可幫助傷口復原，一方面也能預防傷口惡化。感冒有可能轉爲肺炎，刀傷有可能感染發炎，斷掉的骨頭若是沒有對準位置接回去，拆掉石膏以後你就會不良於行。從孩子很小的時候，我們就教孩子如何照顧自己的身體，孩子們通常也學得很好。

但如果問一個大人該怎麼緩和被人拒絕的心碎、孤單寂寞的痛苦折磨，或是遭逢失敗的苦澀心情，任何一個成年人都不清楚這些常見的「內傷」要如何治療。自卑怎麼變自信？失去重要的人事物要如何走出傷痛？對大人而言，這些問題一樣很難答得出來。回憶總是反覆閃過腦際怎麼辦？心裡的罪惡感揮之不去怎麼辦？拿這些問題去問人，你得到的反應可能是一臉爲難、手足無措和刻意改變話題。

有些人可能會很有把握地建議你：和親朋好友聊心事是最佳良藥。他們一心認爲只要是頭腦正常的心理衛生專業人士，想必都不會反對這種建議。但和人聊自己的感受，在某些情況下或許有紓解的作用，在某些情況下卻可能有害而無益。要是指出其中的危險，通常又會換來面露難色、手足無措和刻意轉移話題的反應。

我們之所以很少積極治療日常生活中的心理傷害，其中一個原因在於手邊缺乏處理傷口所需的工具。沒錯，心裡一旦受傷了，我們總可以尋求心理衛生專業人士的輔導，但這麼做往往不切實際，因爲日常生活中絕大多數的「內傷」都沒有嚴重到需要專業介入。正如同我們不會一咳嗽或打噴嚏就跑到家庭醫師的候診室外，搭個帳篷漏夜排隊。我們總不能一被心上人拒絕或每次被老闆罵，就跑去找心理師哭訴。

但即使家家戶戶都會常備一個急救箱，裝滿用來處理日常外傷的繃帶、藥膏和止痛藥，我們卻沒有一個像這樣的急救箱，用來處理日常生活中的小內傷。而就像外傷一樣，我們也經常受到各種內傷。本書所涵蓋的每一種內傷都極爲常見，每一種內傷也都會造成情緒上的痛苦，並有可能對心理的健全造成危害。然而，截至目前爲止，我們都沒有一套慣用的工具可以止心裡的痛、解心裡的苦、釋放心裡的壓力，儘管這些傷害三天兩頭都在發生。

在第一時間爲自己急救，可以預防許多諸如此類的傷害進一步影響心理衛生和情緒健康。

只要一受傷就立刻爲自己的情緒進行急救，的確有許多需要專業治療的臨床心理疾病都是可以預防的。舉例而言，反芻思維❶很快就會演變成焦慮和憂鬱，失敗和遭拒的經驗很容易就會導致自卑。治療這些傷口不僅能加速復原，還有助於預防併發症。就算衍生出併發症，緊急自救也能緩和病勢。

當然，就像存貨再怎麼充足的急救箱也不能取代醫生和醫院，萬一心裡傷得很嚴重，靠自己急救也取代不了心理衛生專業人士。然而，面對身體健康，我們很清楚自己的極限在哪裡，但面對心理健康，我們可就不見得清楚了。多數人都能判斷多深的刀傷要給醫生縫、瘀血和骨折有什麼不同，也知道自己是不是脫水到需要打點滴的程度。但說到心理傷害，我們不僅缺乏必要的處理工具，也沒有能力判斷自己需不需要專業的協助。結果我們常常忽略了心裡的內傷，直到傷勢嚴重影響心理機能的地步。我們絕不會放任膝蓋上的傷口惡化到損害行走的能力，但我們老是丟著心裡的內傷不管，直到傷勢重得我們走不動人生之路。

編按：○為原註；●為譯註。

❶詳見本書第五章。

大家普遍懂得處理身體受到的外傷，卻完全不懂得處理心裡受到的內傷，這麼懸殊的落差眞的很不幸。如果這世上根本不存在情緒緊急自救術也就罷了，但明明就有緊急自救的工具可用啊！近來，在許多心理學領域的研究都發現了各式各樣的處方，針對的就是我們最常受到的心理傷害。

本書每一章都會探討一種常見的日常心理傷害，並介紹各種可以用來緩和痛苦情緒、避免問題惡化的緊急自救術。就像我們自行處理身體上的外傷，這些有科學根據的自救術都可以在家自行操作，也可以用來教給孩子。本書提出的處方就是未來自家心理急救箱的要件，我們可以隨身攜帶這些心理保健工具迎接生活的挑戰。

我個人會針對如何緩和自己的痛苦情緒，給我輔導的個案具體明確的建議。在研究所攻讀臨床心理學那幾年，我這種做法時常遭到批評。曾有一位指導教授告誡我道：「我們要從根本上解決心理問題，不是開情緒止痛藥給個案。天底下沒有心理阿斯匹靈這種東西！」

但速效止痛藥和解決根本問題並不衝突。我相信每位個案都該隨手常備幾帖情緒急救處方，就跟他們應該接受其他更進一步的心理治療一樣。多年來，我一直都在身體力行，萃取創新的研究發現，化爲實際的建議，讓我的個案可以將這些處方用在日常生活的情緒傷害上。我之所以這麼做，最主要的原因就是這些處方有效。多年來，我的個案和親朋好友也一直慫恿我將這些心得結集成冊。我決定寫成這本書，因爲是時候認眞看待我們的心理健康了。就像養成牙齒和生理保健的習慣一樣，是時候養成心理保健的習慣了。家家戶戶都該常備一個心理急救箱，在裡面裝滿包紮情緒的繃帶、抗生素藥膏、冰敷袋和退燒藥。

畢竟，一旦知道有心理阿斯匹靈的存在，不拿來用就太愚昧了。

凡例

本書七大章節涵蓋日常生活中常見的七種心理傷害：遭拒、孤單寂寞、失去、罪惡感、反芻思維、失敗和自卑。雖然是以各自獨立的章節呈現，但我建議各位將整本書融會貫通。即使有些章節現在跟你沒有直接的關係，認識一下各式各樣的情況可能造成的種種心理傷害，未來不管是自己或親朋好友碰到了，我們都懂得如何因應。

本書每一章都分成兩個部分。第一部分探討各種打擊確切造成什麼心理傷害，包括那些我們常常沒有察覺的傷害在內。舉例而言，我們可能認爲孤單寂寞顯然會帶來情緒上的痛苦，但卻沒有意識到長此以往對身體健康也有嚴重的危害，甚至會縮短我們的壽命。更有甚者，孤單寂寞的人常有自我打擊的行爲出現，使得他們不自覺地自外於人，把能夠給他們安慰的人拒於門外。

每一章的第二部分則針對第一部分探討的傷害提出處方，供讀者自行服用。我整理了使用原則，說明什麼時候該進行情緒急救，以及如何落實本書建議的自救術。我也整理了處方摘要和「用法用量」。由於本書只是給你一個心理急救箱，不是要用來取代專業的心理治療或照護，所以在每一章的結尾，我也針對何時應該諮詢訓練有素的心理衛生專家，爲讀者提出指導方針。

本書提出的建議都是根據一流的科學研究，這些研究通過了同儕審查程序，並發表在一流的學術期刊上。各項研究和處方的出處可於隨文註中找到。

1

遭拒

日常生活中的情緒皮肉傷

在人一生所有的情緒傷害中，遭到拒絕或許是最常見的一種。升上國中之前，我們就已嚐過沒人揪你去玩、選隊友最後一個被選中、辦慶生會不邀你、老朋友撇下你加入新的小團體、被班上同學戲弄或霸凌等滋味。待我們終於挺過小時候的各種打擊，卻發現長大後還得迎向全新系列的遭拒大考驗。我們被心儀的對象拒絕、被徵才的雇主淘汰、被渴望結交的朋友無視。另一半拒絕跟我們親熱，鄰居對我們態度冷淡，家人跟我們各過各的。

遭拒是心理上的皮肉傷。它擦破我們的情緒之皮，刺穿我們的情緒之肉。有些傷勢嚴重到在內心深處造成大量失血的傷口，需要緊急救護才行；有些則像被紙割傷，輕輕痛了一下，但沒流什麼血。有鑒於我們遭到五花八門各種拒絕的頻繁度，你可能會以爲，我們對於自己的情緒、想法和行爲因此受到什麼影響，想必有很清楚的理解與體認。但實則不然，我們嚴重低估了遭拒的痛楚和它造成的心理創傷。

遭拒造成的心理創傷

遭拒可能造成四種不同的心理創傷，傷勢依當時的情況和我們本身的情緒健康而定。確切說來，遭拒引發的情緒痛苦，劇烈得足以影響我們的思維、點燃滿腔的怒火、侵蝕我們的自信與自尊，並動搖我們根本的歸屬感。

我們遭到的拒絕有許多都相對輕微，傷口隨著時間過去就癒合了。但若是置之不理，就連輕微的拒絕造成的創傷都可能「感染」，引發心理上的併發症，嚴重衝擊我們的心理健康。一旦遭到重量級的拒絕，用情緒急救術治療傷口的急迫性就大得多。急救不僅能將「感染」或併發症的風險降到最低，也能加速情緒癒合的過程。爲了搶救壞情緒，成功治療遭拒造成的四種創傷，我們需要對這每一種創傷都有清楚的概念，並對我們遭拒後的情緒、思想和行爲受到什麼危害有充分的認識。

1. 情緒痛苦：為什麼連無足輕重的拒絕都很痛？

想像你和兩個陌生人坐在一間等候室，其中一人看到桌上有顆球，便拿起球來丟給另一人。那人笑了笑，眼睛看過來，接著把球丟給你。我們姑且假設你丟接球的技術不錯，玩得起這個小遊戲。你把球丟回給第一個人，那人又很快把球丟給第二個人。但第二個人沒再把球丟給你，反倒丟回給第一個人，把你排除在他們的遊戲之外。在這種情況下，你會有什麼感覺？你會覺得受傷嗎？你的心情會受到影響嗎？還有你的自尊呢？

多數人都會對這個想法不以爲然——「等候室裡的兩個陌生人不把球丟給我，有什麼大不了的？誰在乎啊！」但經過實測之後，心理學家發現了驚人的事實①。我們還眞的很在乎，遠比我們自以爲的在乎得多。丟接球的情境是一場精心策劃的心理學實驗，實驗中的兩名「陌生人」其實是研究人員，每位「受試者」（以爲自己在等候接受一個截然不同的實驗）都在第一輪或第二輪丟接球後受到冷落。歷經數十次的研究，結果顯示受試者一律表示：被排除在丟接球遊戲外的「心情很受傷」。

這些研究結果之所以引人注目，是因爲相較於人生中遭到的多數拒絕，兩個陌生人不跟你玩丟接球是再輕微不過的一種拒絕了。如果這麼無足輕重的小事都能令人一陣心痛（乃至於情緒低落、自信動搖），那就可以想見意義重大的拒絕有多傷人了。這也就是爲什麼被交往對象甩掉、被老闆炒魷魚、或發現朋友相約唯獨漏了你，對我們的情緒健康會是那麼沉重的打擊了。

的確，遭拒之痛和人生中其他負面情緒的區別，就在於它痛到什麼地步。我們常形容遭到嚴重拒絕的感受就像肚子挨了一拳，或胸口挨了一刀。是啦，很少人眞的胸口挨過刀，但當心理學家問及遭拒之痛可與什麼肢體上的疼痛相比擬時，得到的答案是那種痛可比自然產和癌症治療之痛②！相形之下，仔細想想其他負面的經驗，例如失望、沮喪或恐懼，不愉快歸不愉快，但若論及那種直搗五臟六腑之痛，跟遭到拒絕的感受比起來，其他的不愉快可都要略遜一籌了。

但遭到拒絕爲什麼比其他情緒創傷痛上許多呢？

答案藏在我們的演化歷程裡③。人類是社會性動物，在蠻荒時代，被部落或團體拒絕就意味著得不到食物、保護和配偶，生存變得難如登天。遭到驅逐形同獲判死刑。由於被驅逐的下場是那麼慘烈，我們的大腦就發展出一套預警系統，一旦面臨個人的去留由眾人表決的風險時，即使只是接收到一點點被社會拒絕的暗示，大腦都會引發劇烈的痛感④。

事實上，腦部掃描顯示，人在遭拒時活躍起來的大腦區塊，就跟肢體疼痛對應的區塊一樣⑤。說來不可思議，這兩套系統關係之密切，連止痛藥都能驗證。科學家嘗試在展開殘忍的

---

① K. D. Williams, "Ostracism," *Annual Review of Psychology* 28 (2007): 425-52.

② 出處同前；Z. Chen, K. D. Williams, J. Fitness, and N. C. Newton, "When hurt will not heal: Exploring the capacity to relive social and physical pain," *Psychological Science* 19 (2008): 789-95.

③ G. MacDonald and M. R. Leary, "Why does social exclusion hurt? The relationship between social and physical pain," *Psychology Bulletin* 131 (2005): 202-23.

④ K. D. Williams and L. Zadro, "Ostracism: The indiscriminate early detection system," in *The Social Outcast: Ostracism, Social Exclusion, Rejection, and Bullying*, edited by K. D. Williams and W. Von Hippel (New York: Psychology Press, 2005), 19-34.

⑤ N. I. Eisenberger, M. D. Lieberman, and K. D. Williams, "Does rejection hurt? An fMRI study of social exclusion," *Science* 302 (2003): 290-92.

丟接球遭拒實驗之前，先讓受試者服下泰諾止痛藥（Tylenol），結果服藥組比未服藥組感受到的情緒打擊輕微得多⑥。只可惜其他負面情緒就沒有一樣的效果了，例如止痛藥就舒緩不了難堪的感受。所以當我們搞錯公司辦萬聖節派對的日期，打扮成美枝·辛普森（Marge Simpson）的模樣去上班時，吃再多泰諾止痛藥也沒用。

遭拒之痛沒有道理可言

瑪莎和安傑羅來做伴侶諮商，因爲安傑羅從六個月前遭到公司裁員後就找不到工作，他倆爲此頻頻吵架。「我在那家航運公司做了二十年。」安傑羅一臉受傷的表情還是很明顯。「這些人是我的朋友欸！他們怎麼可以這樣對我？」

瑪莎一開始很同情他，但安傑羅一直沒能從情緒打擊中振作起來、開始去找新的工作，瑪莎變得對他越來越灰心。我很快就發現，安傑羅對自己也一樣灰心。他設法激勵自己、勸自己要努力，但他純粹就是被情緒上的痛苦耗盡心力。他試圖跟自己講道理，要自己放下那份傷痛、「克服」受傷的感受，但都沒有用。

當我們遭到拒絕時，許多人都會發現很難勸自己不要痛。遭拒之所以常有強大的殺傷力，其中一個原因就在於理智、邏輯和常識都緩和不了心痛的感受。舉例而言，在名爲「虛擬球」

（Cyberball）的電腦版丟接球實驗中，科學家告訴受到冷落的參與者說局面是由電腦操控的，但就算發現自己遭到的拒絕甚至不是「真實的」，參與者也難以緩和心痛的感受⑦。科學家是鍥而不捨的一種生物，於是他們又告訴另一組參與者說冷落他們的人是三K黨成員⑧。如果拒絕我們的是我們壓根就瞧不起的人，那麼遭拒的感覺想必就沒那麼痛了吧。但實則不然，感覺還是一樣痛。科學家甚至試過把虛擬球換成動畫虛擬炸彈，按照程式的設計，炸彈隨機爆炸。不管是誰，只要爆炸當下拿到炸彈就會被炸死。但當別人不把虛擬炸彈傳給自己時，受試者感覺到的遭拒之痛，就跟拿不到虛擬球是一樣的⑨。

---

⑥ N. C. DeWall, G. McDonald, G. D. Webster, C. L. Masten, R. F. Baumeister, C. Powell, D. Combs, D. R. Schurtz, T. F. Stillman, D. M. Tice, and N. L. Eisenberger, "Acetaminophen reduces social pain," *Psychological Science* 21 (2010): 931-37.

⑦ L. Zadro, K. D. Williams, and R. Richardson, "How low can you go? Ostracism by a computer lowers belonging, control, self-esteem, and meaningful existence," *Journal of Experimental Social Psychology* 40 (2004): 560-67.

⑧ K. Gonsalkorale and K. D. Williams, "The KKK won't let me play: Ostracism even by a despised outgroup hurts," *European Journal of Social Psychology* 37 (2007): 1176-86.

⑨ I. Van Beest, K. D. Williams, and E. Van Dijk, "Cyberbomb: Effects of being ostracized from a death game," *Group Processes and Intergroup Relations* (2011): 1-16.

在其他方面，遭拒也會影響我們運用健全邏輯和清晰思考的能力[10]。舉例而言，光是被要求去回想慘痛的遭拒經驗，就足以讓當事人在後續的智商測驗、短期記憶力測驗、理性能力評量和決策能力評量上拿到超低分。

說到打亂思緒和破壞良好的判斷力，戀情上遭到的拒絕威力尤其強大——即使情愫才剛萌芽，連「戀愛關係」都還不成立之時（第三章會談到長期交往或認眞交往後的分手）。我曾輔導過一位年輕男士，他在爲期一週的夏日假期裡邂逅了一名女性，儘管她已明確表示無意與他交往，他在心痛之餘還是飛到歐洲，想給她一個「驚喜」，一心認爲自己臨時起意的「浪漫之舉一定會融化她的心，改變她的主意」！當他一大清早不適時地出現在她家門口時，這位女士嚇得花容失色，結果她唯一改變的就是她家門鎖。在某些情況下，遭拒後心裡那股奮不顧身的感受，可能會讓許多人錯把變態行徑當成浪漫之舉。

2. 憤怒與攻擊：為什麼門要被摔、牆要被捶？

遭拒常引發憤怒與攻擊的衝動[11]，導致我們亟欲把情緒發洩出來，尤其是針對拒絕我們的人；但在別無選擇之際，無辜的路人也可以將就著用。其中一種深知箇中滋味的倒楣鬼，就是無數被剛剛遭拒的男人（也有時是女人）飽以老拳的門和牆壁，儘管磚牆和實木門通常才是笑到最後的一方。當我們身爲拒絕者時也務必謹記這種危險，即使我們打算拒絕的人是好人好事代表，我們收藏的喜姆娃娃瓷偶還是有可能遭殃。

爲免我們對捶牆者和砸偶者的評斷太嚴厲，我們應該考量到：就連天下第一大好人受到了最無足輕重的拒絕，都會被激起逞凶鬥狠的衝動。舉例而言，在一場虛擬球的遊戲過後，受試者可以選擇用刺耳的白噪音轟炸某個無辜的玩家（他們被明確告知這位玩家並非丟接球遊戲的一分子）。比起並未遭拒的受試者，遭到拒絕的受試者用更大聲的噪音轟炸無辜玩家，而且轟炸得更久。在另一系列的研究中，遭拒者比未遭拒者逼無辜玩家吃下多出四倍的辣椒醬、喝下難喝的飲料、聆聽難聽到極點的錄音帶。如果你想知道這些實驗背後的科學家有多常被眞人實境秀的製作團隊找去，爲參賽者設計噁心的挑戰內容，嗯哼，答案是我也不知道。

---

⑩ R. F. Baumeister, J. M. Twenge, and C. K. Nuss, “Effects of social exclusion on cognitive processes: Anticipated aloneness reduces intelligent thought,” *Journal of Personality and Social Psychology* 83 (2002): 817-27; R. F. Baumeister and C. N. DeWall, “Inner disruption following social exclusion: Reduced intelligent thought and self-regulation failure,” in *The Social Outcast: Ostracism, Social Exclusion, Rejection, and Bullying*, edited by K. D. Williams and W. Von Hippel (New York: Psychology Press, 2005), 53-73.

⑪ M. R. Leary, J. M. Twenge, and E. Quinlivan, “Interpersonal rejection as a determinant of anger and aggression,” *Personality and Social Psychology Review* 10 (2006): 111-32.

不幸的是，遭拒後的憤怒反應還有更黑暗也更嚴重的表現方式。一再遭到嚴重拒絕所引發的攻擊行爲，遠不止於白噪音或辣椒醬而已。若是將此一性質的心理創傷置之不理，傷口很快就會「感染」，並對一個人的心理健康造成重大危害。遭拒後傷人和自傷的新聞事件層出不窮。長期嚴重遭拒形成的心理創傷，若不加以治療會有什麼後果呢？失戀的人尋求報復、被郵局解雇的員工抓狂殺人❶、校園霸凌掀起可怕的自殺潮……只是少數幾個例子而已。

二〇〇一年，美國醫事總署發表了一份報告指出，在社交方面遭拒是青少年表現出暴力行爲的一大因素，影響更甚於加入幫派、貧窮或吸毒⑫。遭拒的感受對情侶之間的暴力也有很大的作用⑬。許多暴力事件都是爭風吃醋和懷疑對方劈腿所致，背後與遭拒的感受有密切的關聯。科學家調查了五百五十一起殺妻案，發現其中將近半數都是在分居或臨分居前發生的；確實也常有殺妻男在犯後坦承難以面對遭到拒絕的感受。

包括一九九九年的科倫拜（Columbine）高中慘案在內，有關校園槍擊案的研究發現，十五起事件中有十三起的凶手都曾在人際上遭受重大拒絕，並遭到同學排擠⑭。在許多案件中，凶手特別針對曾經霸凌、捉弄或拒絕他們的同學，動手時往往先挑這些人下手。

我們或多或少都體會過被人拒絕的感受，幸而只有極少數人後來登上了頭條新聞。然而，遭拒和攻擊之間有著很強的關係，我們一定要知道：遭拒之痛很可能刺激一個人表現出平常絕不會有的行為。

3. 自尊受損：就已經倒地不起了，我們還猛踹自己

遭到沉重或反覆的拒絕對自尊的傷害很大。事實上，光是回想上次遭拒的情景，就足以導致一時的自我價值感低落⑮。不幸的是，自尊遭到的打擊通常不會到此為止。我們常在遭拒後嚴厲批評自己，徒然加重既有的痛苦，本質上無異於已經倒地不起還猛踹自己。這種反應很常見，但它很容易導致原來遭拒時的心理皮肉傷惡化感染，進而對我們的心理健康造成真正的危害。

---

❶此處典故出自一九八六年以降，美國發生數十起郵局員工槍殺主管、同事、乃至於隨機殺人的事件。

⑫ Office of the Surgeon General 2001 *Youth Violence: A report of the Surgeon General, U.S. Department of Health and Human Services.* http://www.mentalhealth.org/youthviolence/default.asp.

⑬ G. W. Barnard, H. Vera, M. I. Vera, and G. Newman, "Till death do us part: A study of spouse murder," *Bulletin of the American Academy of Psychiatry and the Law* 10 (1982): 271-80.

⑭ M. R. Leary, R. M. Kowalski, L. Smith, and S. Phillips, "Teasing, rejection, and violence: Case studies of the school shootings," *Aggressive Behavior* 29 (2003): 202-14.

⑮ L. Vandevelde and M. Miyahara, "Impact of group rejections from a physical activity on physical self-esteem among university students," *Social Psychology of Education* 8 (2005): 65-81.

安傑羅失去了他在航運公司的工作，因爲他所屬的整個部門都在降低成本的措施下被裁掉了，然而，他卻把這種拒絕看成是針對他個人（「這些人是我的朋友欸！他們怎麼可以這樣對我？」）。將拒絕個人化使得安傑羅感覺像是朋友們不要他了，長久以來的老同事拋棄他了。他避免和前公司的任何人聯絡。他認定他們不把他看在眼裡，跟他們接觸只是自討沒趣，儘管他這種恐懼完全沒有根據。當朋友和同事主動和他聯絡時（他們當然會這麼做），他不願回覆他們的來信或留言，即使內容跟其他的工作機會有關。幾個月後，朋友們就完全不再與他聯絡了。在安傑羅的心目中，他們最後的沉默只證實了他心中的恐懼，亦即打從一開始他們就沒關心他過。

安傑羅並不孤單。我們都會把拒絕想成是針對個人，並得出問題出在我們身上的結論，即使沒有什麼證據能證明這種假設。回頭想想（即便要回溯到很久以前），當你被心儀的對象拒絕時，你是不是一件一件挑起自己的毛病來了？你是不是怪自己魅力不足、沒見過世面、不夠聰明、不夠多金、不夠年輕，或以上皆是？你是不是心想「這種事老是發生在我身上」、或「永遠也不會有人愛我」、或「我永遠也找不到對的人」？別人對我們的拒絕，多半不像我們認爲的那麼具有針對性。就算具有針對性好了，多半也和我們滿身的缺點無關。

除了徒然將拒絕個人化之外，我們也常在沒有根據的情況下以偏概全、一概而論（例如認爲「這種事老是發生在我身上」或「我永遠也找不到對的人」），或是徒然苛責自己，假設做法不同就不會被拒絕。在求愛遭拒之後的自我批評尤其是個問題，因爲許多人都會花很多時間分析自己說了什麼、做了什麼，亟欲找出難以捉摸的「致命錯誤」（例如：「我爲什麼等這麼久才打電話給她？」「我當初就不該喝那最後一杯酒！」「或許不該這麼快就給她看我的艾默小獵人（Elmer Fudd）卡通系列內褲。」）。

事實上，遭拒很少是因爲某個致命錯誤（儘管不容否認，給心儀的女生看艾默小獵人內褲這種事，大概沒有什麼對的時機存在）。求愛（或求職）遭拒最常見的原因是彼此之間沒有火花。我們可能不符合那個人（或那間公司）在當時的需求，也可能對方心目中預設了特定的條件，而我們剛好不是對方的理想型。問題不是出在我們踏錯了關鍵的一步，或我們的人格有什麼致命的缺陷。

這些思維謬誤對我們沒有什麼好處，只是徒增偏頗的自責，加深既有的痛苦，加倍打擊本來就已傷痕累累的自尊。被人拒絕已經夠傷的了，我們實在不需要對自己的傷口撒鹽，或已經倒地不起了還狠踹自己。

4. 危及我們對於歸屬的需求：需要別人的人可「不」是最幸運的人❷

在被人拒絕時，我們的自尊之所以這麼容易受到打擊，其中一個原因在於人都需要被人接納，被人接納是身而為人的基本需求⑯。不管是因為我們遭到的拒絕，還是因為我們缺乏建立人際支持系統的機會，當我們對於歸屬的需求長期得不到滿足，我們的身心健康就可能受到很大的破壞。

有些人的人生處境太艱難，想滿足一己對於歸屬的需求實在是很大的挑戰。幾年前，我輔導過一個名叫大衛的年輕人，他在這方面就比多數人都面臨更大的阻礙。我從他的故事中學到：一旦我們終其一生反覆受到沉痛的拒絕，要在這世上找到一個立足之地、讓自己有歸屬感，就變成史上最艱鉅的任務。

大衛生來就有罕見遺傳疾病，這種病一般對人體各方面都有影響，進而導致壽命大幅縮短（在當時，多數生來患有此病的孩子都活不到二十歲）。儘管大衛的症狀相對輕微，但他小時候還是需要接受許多手術，經常住院治療。大衛的病影響到的不只是他的健康，還有他的外貌。肌肉骨骼方面的問題使得他步伐不穩。他的五官也明顯扭曲，例如上唇塌陷、下顎突出、牙齒畸形。更有甚者，調節唾液的問題導致他很容易流口水。

跟大衛患有相同疾病的孩子，較嚴重者往往有重度肢障和致命症狀，以至於無法就讀一般學校。大衛的症狀較輕微（而且智力並未受損），於是他成爲少數能就近去念一般中小學的孩子。但對大衛而言，這種「好福氣」卻伴隨著可怕的代價。他的外貌、肢體的不協調，以及專心時就會流口水的傾向，使得他整個求學生涯每日飽受同儕殘酷的排擠。

大衛從未受邀參加派對，他實際上沒有半個朋友，每天的午休和下課時間就一個人坐著。肢體不協調再加上肌肉無力，使得他無法參與鄰居其他男孩的課後或課外體育活動。他嘗試參與肢障兒童的課後活動，試了幾次都沒有好結果，因爲他相對「健康」的狀況顯得他很突兀（有時是名副其實的鶴立雞群），以至於他也不適合諸如此類的方案。結果，整個童年和青少年期間，大衛對於歸屬的基本需求完全得不到滿足，稀鬆平常（而且往往很殘酷）的拒絕帶給他莫大的情緒痛苦。

---

❷此處典故出自芭芭拉·史翠珊（Barbra Streisand）的歌詞，原句為「需要別人的人是世上最幸運的人」（People who need people are the luckiest people in the world）。

⑯ R. F. Baumeister and M. R. Leary, "The need to belong: Desire for interpersonal attachments as a fundamental human motivation," *Psychological Bulletin* 117 (1995): 497-529.

我在大衛高中畢業不久後認識他，再過幾個月，他就要去念當地的兩年制大學了。想到要面對新同學新一輪令人痛苦的拒絕，大衛對於上大學是既期待又怕受傷害。父母出於好意安慰大衛，說大學生比國、高中的屁孩更「成熟」、更懂得包容與接納，他會比中學時期更容易「融入」。但飽受拒絕的一生已摧毀了大衛的自尊，他深怕事與願違。「他們只要看我一眼就會轉過身去。」他在我們第一次的會談中說：「轉過身還算好的，壞心的同學不只會轉過身去，還會在背後笑我。」

他給人的第一印象可能是個問題，關於這一點，我認同大衛的想法（一輩子的經驗已經為他證實了這件事，我覺得否認沒有意義）。於是我問他，如果有機會扭轉第一印象，他打算怎麼做。我們開始討論他要怎麼應付可能的人際互動，結果我很快就發現，大衛的社交技能嚴重發育不良。多年的孤立和缺乏社交歷練，使得大衛在常見的情境中想不出該說什麼或做什麼才對，而他也很清楚自己在這方面的生澀。

我們決定利用暑假針對他的社交技能下功夫。我們整理出可能的社交情境，透過角色扮演讓他練習應對進退。大衛也願意承認，大學同學一開始對他的拒絕或殘忍的反應，嚴格說來可能並非針對個人，而是因為他們對他的疾病不熟悉，以及他們自己在肢障人士身邊的不自在。於是我們決定腦力激盪一番，想想他的步伐不穩和流口水在同學間引起緊張或尷尬時，他有什麼辦法能緩和氣氛（例如適時拿自己的蠢樣開玩笑）。時序來到九月，大衛覺得準備好要展開大學生涯了。他還是對遭拒的前景憂心忡忡，但他也覺得自己好像備妥應付社交情境的利器了。我們把他的下一次會談排在開學一週之後。

到了約定的會談時間，大衛走進我診間的那一秒，他臉上的痛苦就很明顯。他一屁股坐在沙發上，深深嘆了一口氣說：「我第一堂課早到，坐在前排的位置，結果除了我就沒別人坐那裡。於是，第二堂課我又早到，坐在中間的位置，結果我前面一排漸漸坐滿了人，後面一排也是，但就是沒人去坐我那一排。第三堂課，我還是早早就到了，但這回我等到快要開始上課才進去，刻意坐在兩位同學中間。我跟他們打招呼，他們點點頭。開始上課幾分鐘後，其中一人就往旁邊挪了兩個位置去坐。另一個人整堂課都沒再看我一眼，一下課就連忙衝出去了。其他人也一樣，要麼別過頭去，要麼趁我不注意偷偷打量我——他們以為我沒注意，其實我都知道。沒人跟我說話。沒人跟我有眼神的接觸，就連教授們也一樣。」

聽到大衛帶來的消息，我大失所望。在歷經這麼多的身心煎熬和這麼極端的社交排擠之後，我真心希望他能有一次正面的經驗就好。我要的不多，因為我相信只要嚐到一點點被接納的滋味，對他的自信和生活品質就會有很大的幫助。我們花了幾個月琢磨大衛要如何扭轉負面的第一印象，但如果同學們繼續迴避他，如果沒人坐在他旁邊或跟他有眼神接觸，如果沒人願意跟他說話，那他就很難扭轉旁人對他的印象。

大衛的意志消沉到我很怕他會陷入絕望。這一生遭到的拒絕留下的心理創傷埋得很深，而大衛本來就比多數人都背負了更多的情緒痛苦，多數人終其一生嚐到的情緒痛苦都沒他多。我決心要協助大衛扭轉局面。開學第一週的情形固然令人失望，我還是認爲他現在就失去希望也太早了點。但如果他要有任何成功的機會，那麼他首先要處理近期遭拒剛造成的新傷。

治療遭拒創傷的四帖處方和使用原則

有許多我們所面臨的拒絕事關重大（例如安傑羅的情況）、反覆發生（例如校園暴力或職場霸凌），抑或兩者皆有（例如大衛一再遭到同儕和同學的排擠）。在這種情況下，將情緒創傷置之不理的影響就可能很深遠。但並非所有遭拒的情況都需要情緒上的緊急救治，舉例而言，丟接球實驗的「倖存者」就有可能完全平復過來，即使他們沒被充分告知實驗眞正的目的（而他們其實都知道眞相了）。現在，讓我們打開心理急救箱，看看有哪些治療選項。

遭拒會造成四種不同的情緒創傷：揮之不去的心痛、憤怒和攻擊衝動、自尊受損，以及歸屬感受損，每一種都可能需要某種形式的情緒急救。如同任何一種創傷，遭拒造成的情緒創傷最好盡快救治，以免有「感染」和心理併發症的風險。切記這些只是第一時間的急救處方，對於更深刻或嚴重衝擊心理健康的遭拒經驗，可能就不適用或不夠用。針對何時該諮詢心理衛生專業人士，我會在本章結尾提出指導方針。

接下來談到的處方，有些可有效舒緩不只一種類型的創傷，有些則比較是專門針對其中一種創傷。以下處方依服用順序排列：處方一（反駁自我批評）和處方二（重建自我價值）主要是針對情緒的痛苦和受損的自尊，處方三（增進社會連結）則是針對受到威脅的歸屬感。這三帖處方也有助於降火消氣和化解攻擊衝動。處方四（降低敏感度）可自由選擇要不要服用，因爲它可能帶有令人不適的情緒副作用。

處方一：和自我批評的聲音爭辯

遭人拒絕後，雖然自我檢討很重要，這樣我們才能改正自己明顯做錯的地方，避免日後重蹈覆轍，但自我檢討的下手要輕。我們對於自己「哪裡做錯」的探究，太常演變成過度針對自己，或將遭拒的經驗一概而論，或在事後太過自責。吹毛求疵地挑剔自己在個性、外貌或行爲上的毛病，只會加深我們在當下的痛苦，刺激情緒的傷口流更多的血，並嚴重拖延復原的進度。所以，衡量自己在某次遭拒經驗中做了什麼之時，我們與其狂批自己的過錯或缺點，還不如選擇對自己仁慈一點。

話雖如此，在這種情況下，自我批評的衝動可能來勢洶洶。爲免在已經倒下時還狠踹自己，我們必須跟自我批評的聲音爭論一番，並採取對自己較寬容的觀點。要打贏這場內心的交戰，我們得有正反兩方的論點，才能更持平地了解自己爲什麼會被拒絕。

情緒自救練習1

自我批評辯論術

1. 關於這次遭拒，列出（寫下）你對自己的負面想法或批評。
2. 依據個人情況，用下述針對各種遭拒情況的「反方論點」，推翻你所列的各項自我批評。必要時儘管自由發揮，為每一個自我批評的想法多列幾個反方論點。
3. 每當冒出一個自我批評的念頭，務必立刻在心裡完整、清楚地說出相對應的反方論點。

求愛遭拒的反方論點

在私人診所當了二十年的心理醫生，我聽過拒人和遭拒雙方數不清的心碎故事。拒絕某個人或拒絕談戀愛的原因有很多，絕大多數都和個人缺點無關。最常見的情況是兩個人之間不來電——要麼有火花，要麼沒有，一翻兩瞪眼。與其亂挑自己毛病，不如想想是否有其他理由：或許對方偏好某種特定的類型，而你剛好不符合（例如她就愛金髮男，偏偏你的頭髮是棕色；或她獨鍾大光頭，你卻頂著一頭濃密的亂髮）。理由也可能和對方的前任有關，或她剛好家裡或私下有什麼狀況。又或者你們可能只是生活方式合不來（例如她喜歡舒舒服服地宅在家裡，你卻愛跑去森林裡露營、躲在草叢裡撒尿）。

也有可能你在某些方面「太好了」，對方配不上你。比方你無法忍受不良嗜好，殊不知對方成天跑趴，玩得很凶，喝掛對他來講是家常便飯。或者你事業有成，顯得他混得很差。或者你是警察，但他的拜把兄弟是道上的毒販。或者你是技藝超群的糕餅師傅，而他正努力減重，但看到酥皮蘋果派就把持不住。這個人可能深怕被綁住，只要感覺到別人對他認眞起來了，他就會想逃。說不定他的自信心有問題，如果你對他有好感，他反倒還懷疑你是不是有毛病。又或者他本來就不是什麼心地善良、善解人意的好人。

時機也可能是關鍵因素。或許你想定下來了，但對方還不想；又或者他想定下來，但你不想。你們其中一人喜歡細水長流慢慢來，但另一人喜歡轟轟烈烈或更「速食」的感情。又或者你剛結束一段愛情長跑，而你感興趣的對象怕你還會和舊情人藕斷絲連，因爲他之前已經嚐過這種苦頭了。

在上述的每一種情況中，遭到拒絕的人都沒有錯，之所以被拒絕也跟自身的缺點無關。底線是如果對方跟你說「是我的問題，不是你的問題」，那就相信對方的說法吧！要是對方沒這麼說，那你就當問題反正出在他身上。遭到拒絕的感覺還是會痛，但如果你不要在傷口上撒自責之鹽，至少你不會痛上加痛。

求職不成的反方論點

求職不成就像求愛遭拒，通常跟你表現失誤或能力不足關係不大，而是跟你適不適合這家公司或這份職務有關。有些職位按規定需公開徵才，但其實已有內定人選。有些時候，雇主想找的是特定的專長或資歷。有些雇主即使心裡已經有底了，檯面上還是需要多提幾位候選人出來。我也聽過一些雇主坦言，說他們之所以沒錄取某些人，只因他們用過跟這位求職者同校、同鄉或先前待過同一家公司的人，有過不好的經驗。

在職場上，還有另一種越來越受到科學家關注的拒絕形式，就是被同事、主管或這兩者聯手排擠。比方大家一起去吃中飯或下班後小聚，從來沒人通知你；你不會收到某些會議的相關通知；你一再被同事和／或老闆批評及找碴⑰。在多數情況中，這種拒絕或排擠是企業組織的角力與文化使然，不是你的個性或工作績效所致。舉例而言，揭弊者常遭同事冷戰和迴避（迴避是很傷人的一種排擠方式），即使揭弊的舉動是爲他們好。

我曾輔導過一個年輕人，他對公司的工作環境和待遇有多差（確實很差）總是直言不諱，結果他很快就變成主管找碴的對象。即使同事們一開始爲他的仗義執言喝采，但公司裡的霸凌文化很快就令他們見風轉舵，意圖透過對付他來巴結上司。幸好，他分得清自己在職場上遭到的拒絕不能反映他的工作表現（他是很傑出的員工）或個性。他的積極進取和勇氣著實令人欽佩。

---

⑰ N. L. Penhaligon, W. R. Louis, and S. L. D. Restubog, "Emotional anguish at work: The mediating role of perceived rejection on workgroup mistreatment and affective outcomes," *Journal of Occupational Health Psychology* 14 (2009): 34-45.

在職場上面臨拒絕時，我們應該想想其中有多少成分是爲了迎合惡性或霸凌的企業文化，有多少成分是出於個人的野心和敵意，抑或爲了討好高層和主管。這麼做有助於避免我們無端否定自己，誤以爲問題出在自身的能力或個性。這麼做也能避免我們痛上加痛，讓這次經驗造成更大的傷害。

社交遭拒的反方論點

朋友圈和社交圈通常能賦予我們所需的歸屬感，但也可能成爲遭拒之痛的源頭。我最常聽到的一種狀況，就是當事人發現朋友們相約卻獨漏了他。雖然很難不把這種狀況想成是針對個人，但之所以發生這種事，確實常是基於完全與你個人無關的理由。舉例而言，某一群朋友可能自成一個小圈圈，彼此間有一致排外的默契，而你不願意侷限於這個小團體。你是想跟他們做朋友沒錯，但你也想融入別的圈子，偏偏他們就是不想（這種現象在國、高中極爲常見，但成年人之間也會發生）。

個別的朋友之間也可能有一樣的情形。某個人可能想找一個形影不離的好朋友，但你不願意或沒辦法付出他要的時間和全心全意（因爲家庭、工作或其他的束縛，或因爲這樣會剝奪你所看重的其他友誼）。你給不起的時間和關注，有別的朋友願意給，這位朋友於是和別的朋友變得更要好。在你們三人之間，你就變成一個局外人了。發現你的兩個朋友現在更常在一起，比較少找你，固然令人傷心，卻通常不是你的錯，本質上也不是他們的錯。這種局面絕不代表他們不想跟你做朋友。

還有一種可能是被一群志同道合的人排擠，因爲你對他們很熱衷的事情沒那麼狂熱。有些圈子的人喜歡聚在一起，一遍又一遍談論一樣的話題，無論是體育、政治、親子教養或名人八卦。比方有個學步兒的母親被她的「媽媽團」除名了，因爲她不想只聊換尿布、餵母乳和孩子的成長里程碑，一再試圖聊點別的東西。這麼做威脅到這個團體的一致性，於是她就慢慢被疏遠了。一旦明白背後的原因，她其實鬆了一口氣。她告訴我：「要是得再聽一次清理汽車座椅嘔吐物的話題，我眞的會尖叫。」

有時候，我們的小團體已經趕不上我們的腳步了，而他們甚至比我們自己還早意識到。

處方一摘要

・**藥名**：和自我批評的聲音爭辯

・**用法用量**：每逢遭拒時服用。如有必要即重複服用，例如每當浮現與該次遭拒經驗相關的自我批評念頭時。

・**主要療效**：舒緩受傷的感受和情緒的痛苦，將自尊所受的損害降到最低。
・**次要療效**：減輕發怒和攻擊的衝動。

處方二：重建自我價值

要緩和遭拒之痛、恢復信心和自我價值感，有一個絕佳的辦法是提醒自己有哪些受人肯定、討人喜歡的特質（即使拒絕我們的人不懂欣賞）[18]。舉例而言，我輔導過一位很迷人的年輕女性，每當被男人拒絕，她就對著一面全身鏡打量自己，大聲對著鏡中的倒影說：「不，才不是你的問題呢！你美極了！」

歷經上大學第一週的遭拒情況後，罕病青年大衛也藉由類似的辦法肯定自己，雖然他的歷程比較曲折。大學同學似乎就像國、高中同學一樣，完全拒他於千里之外，大衛的自信因此受到打擊。我知道除非大衛的自我價值感恢復，哪怕只恢復一點點都好，否則他會無力主動和同學往來，也無從改變同學對他的第一印象。幸好，大衛有一個擅長的領域，雖然與課業無關，但我確定能爲他和同學搭起友誼的橋梁。

不管是上課，還是跟我的約談，大衛都習慣早到。他總是隨身攜帶幾份地方報，趁等候的時間讀遍每一份報紙的體育版，詳閱每一個字、細看每一個數據。他也會花好幾小時聽體育電台的廣播。結果就是大衛對體育賽事瞭如指掌，尤其是棒球。大衛是紐約洋基隊的頭號球迷，聊起洋基隊來整個人的神態都不一樣了。他會坐得比較挺，充滿自信、口齒伶俐地大談自己的見解，給人一種既熱血又聰明的印象，也讓人覺得他對洋基隊、職棒聯盟、乃至於體育這整件事都獨具見地。

開學第二週過後，大衛觀察到他不是唯一習慣早到的人，另外還有幾位男同學也是，而且在等上課時，他們也會讀體育版打發時間。從服裝和配件看來，大衛推測他們多半也是洋基隊的球迷。我建議大衛從中挑一個人選，跟他聊聊洋基隊。大衛的第一個反應是抗拒。他認定由他來採取這種行動只會被拒絕或被無視。但幾天後，洋基隊保住了季後賽的席次，大衛在我們的會談中談到洋基隊的前景，分析得頭頭是道。

---

⑱ D. K. Sherman and G. L. Cohen, “The psychology of self-defense: Self-affirmation theory,” in *Advances in Experimental Social Psychology*, Vol. 38, edited by M. P. Zanna (San Diego, CA: Academic Press, 2006): 183-242.

「我都想做筆記了。」我打趣道：「我好拾人牙慧，拿你的看法去唬人。」

「請便。」他說：「相信我準沒錯，季後賽一定如我所料！」

「你這麼確定？」

他自豪地說：「沒人像我那麼了解洋基隊！」

我挑戰他道：「就連其他那些早到的男同學也比不上你？」

大衛堅稱：「想跟我比，門都沒有！」

我向他指出：「那你們的談話會很有趣唷！」大衛沒回話。他對遭到拒絕的恐懼還是太強，無法鼓起勇氣採取行動。但在洋基隊打贏第一場季後賽之後，他實在是興奮到忘了害怕，不假思索就對同學說洋基隊可望打贏世界大賽。令他大吃一驚的是，他竟然得到對方回應了。這位同學不僅由衷贊同，還跟他擊掌。大衛頓時驚得目瞪口呆。他又提了一句意見，沒想到自己很快就和兩位同學展開了三人對談。

這次的課前交流對大衛的自我價值感影響甚巨，他同意以後再多跟他們聊洋基隊的事。發現同學就跟他一樣熱衷於談論洋基隊的勝利，大衛不禁熱血沸騰起來。他說得越多，同學們對他的看法就越感興趣。他們的課前交流很快就變成一種儀式。大衛和其他幾位同學趁每堂課前聚在一起，聊洋基隊最近的一場賽事，討論這支球隊打贏世界大賽的展望。

這些隨興的聚會對大衛的神態和心情都有深刻的影響。生平第一次，他嚐到被同儕看重的感覺。洋基隊的戰績越好，大衛就越愛去上課，越迫不及待想和同學聊球賽。而他越是展現自己淵博的知識和見解，他就越是受到同學的接納與肯定。

關鍵性的一刻就發生在其中一次的談話中。大衛聊得興起，忘記吞口水，結果口水就沿著他的下巴滴下來了。儘管大衛一時很驚慌，但他強自鎭定，搬出我們針對這種情境演練過的台詞。他抹一抹下巴說：「除非爲洋基隊的戰績流下口水，否則你就不算眞正的洋基迷。」同學們聽了哈哈大笑，大家若無其事地繼續聊了下去。這一刻本來可能很尷尬，但大衛成功扭轉氣氛。化解尷尬的功力又讓他的自信更上一層樓了。

幸好，洋基隊那年的季後賽打得很漂亮，給了大衛和同學許多彼此認識的機會。最風光的一刻莫過於有一次他比平常晚到，剛好及時聽到一位同學問別的同學說：「大衛在哪？我們的洋基小子人呢？」下一秒，他就走進來了，大家紛紛熱情地跟他打招呼。

在我們的下一場會談中，大衛向我吐露道：「我被人指指點點了一輩子，無意間聽到的評語總是『怪胎』、『智障』、『白痴』之類的。」他停頓一下，咧嘴笑道：「這下子我成了『洋基小子大衛』！」大衛得意洋洋地說：「感覺就像我終於找到融入的辦法，成爲他們的一分子了。他們認眞把我當一回事來看待。我都不知道怎麼跟你說這種感覺有多美妙！」

大衛遭到的拒絕留下了創傷，建立自我價值感在他的療傷過程中扮演了關鍵的角色。儘管他眼前還有很長的情緒療癒之路要走，但至少在上大學的第一個學期，大衛嚐到了被社會接納的滋味。有生以來第一次，他有了團體歸屬感。

情緒自救練習 2

自我價值感復甦術

接下來的練習有助你找到個人魅力，並重振自我價值感。

1. 寫下自己身上五個可貴的特點、特長或特色，所列內容儘量與你遭到拒絕的範疇有關，務必花時間想想對你來講真的很重要的特質。舉例而言，如果你求愛遭拒，而你知道自己確實具有下列特質，那你就可以寫下「懂得關懷」、「用情專一」、「善於傾聽」、「細心體貼」，乃至於「隨傳隨到、常伴左右」。

2. 依你認為的重要性，為這些特質排出順序。

3. 從前三名中挑兩項出來，寫一篇長約一、兩段的短文，涵蓋以下幾點：

- 為什麼這個特質在你心目中很重要？
- 這個特質對你的人生有什麼影響？
- 對你的自我形象而言，為什麼這個特質是很重要的一部分？

處方二摘要

- **藥名**：重建自我價值
- **用法用量**：每逢遭拒時服用，如有必要即重複服用。
- **療效**：舒緩受傷的感受和情緒的痛苦，重建受損的自尊。

處方三：增進社會連結感

儘管遭拒之痛可能讓我們對人際往來卻步，但我們應該努力克服內心的恐懼，轉而向自己的社交圈求援，或找到其他辦法增進自己的社會連結感。旁人的支持能減輕各式各樣的壓力，但在甫遭拒之後，應援團的存在尤其可貴。它立刻就提醒我們擁有哪些重要的人際關係，進而幫助我們補足消耗殆盡的歸屬感。在一項研究中，即使只是和一位友善的實驗人員有短暫的交流，都足以降低受試者在遭拒後的攻擊性⑲。在另一項研究中，遭拒後和一個不熟的同儕在線上即時通訊，緊急修復了青少年和青年人的自尊心⑳。

有時候，要在遭拒後向知心好友尋求支持，對我們來講可能是一個挑戰，因為他們有可能低估遭拒帶給我們的痛苦。不管是自己的痛苦，還是別人的痛苦，不管是心靈的痛苦，還是肉體的痛苦，評估痛苦的程度是一件我們都不擅長的事（除非我們當下剛好也面臨一樣的痛苦）㉑。舉例而言，多數原訂放棄無痛分娩的產婦，一旦開始陣痛後都會改變主意。

當遭到霸凌的學生訴諸激烈的手段（例如自殺），家人、朋友和老師往往很震驚，因為他們沒有察覺當事人痛苦到這種地步。近來一項引人矚目的研究發現，以校園霸凌而言，先接受過丟接球排擠實驗的老師，比其他老師更能體會受害學生的痛苦，因此他們也會建議對惡霸施以更嚴厲的懲罰㉒。

當我們遭到的拒絕涉及歧視時，旁人的支持甚至更重要。我們大可認爲人類社會是一個文明的社會，但不管我們再怎麼認爲，說到接納異己，人類的種種事蹟都說明了事實不是這麼一回事。種族、國籍、性取向、宗教信仰、身心障礙、性別和年齡，無一不是讓人嚐到遭拒之痛的因素，有千千萬萬人因此遭到朋友、家人、雇主、鄰居和陌生人的排擠。在成爲歧視的對象之後，來自同溫層的支持顯示能減輕憤怒和憂鬱、強化團體認同感，並撫平遭到主流文化貶低造成的傷害㉓。

---

⑲ J. M. Twenge, L. Zhang, K. R. Catanese, B. Dolan-Pascoe, L. F. Lyche, and R. F. Baumeister, "Replenishing connectedness: Reminders of social activity reduce aggression after social exclusion," *British Journal of Social Psychology* 46 (2007): 205-24.

⑳ E. F. Gross, "Logging on, bouncing back: An experimental investigation of online communication following social exclusion," *Developmental Psychology* 45 (2009): 1787-93.

㉑ N. L. Nordgren, K. Banas, and G. MacDonald, "Empathy gaps for social pain: Why people underestimate the pain of social suffering," *Journal of Personality and Social Psychology* 100 (2011): 120-28.

㉒ 出處同前。

㉓ S. Noh and V. Kasper, "Perceived discrimination and depression: Moderating effects of coping, acculturation, and ethnic support," *American Journal of Public Health* 93 (2003): 232-38.

找到更合適的新歸屬

我們對於歸屬的需求具有某種「可替代性」，意思就是新的人際關係和團體成員在心理上可取代已結束的情誼，尤其如果新關係更適合我們的個性和興趣。被人拒絕固然痛苦，我們總能將之視爲一次評估的機會，衡量一下我們的親密愛人、社交圈、朋友或雇主在個性、興趣、生活模式或生涯規劃上，與我們是否投合。

我們對團體的選擇往往是外在因素所致。我們和隨機分配到的大學室友或工作上認識的同事變熟，或因爲兩家的子女彼此是玩伴，雙方父母就走得比較近。雖然有許多這樣的情誼延續下去了，但當一段關係已趕不上我們或他們的腳步時，也有些緣分就散了。當促使我們聚在一起的外在因素改變時，這種情況尤其常見，例如當我們大學畢業、換新工作，或我們的子女不再玩在一起了。撇開一開始的心痛不談，後來我們可能會發覺，這段關係或情誼並沒有當初以爲的那麼難割捨。

有時候，光是和我們覺得氣味相投的人在一起，例如和球友投個籃、和同好看場表演或電影，即使沒說幾句話，也有助於重新補足我們的社會連結感。在尋求一對一的支持時，我們則應謹慎選擇，尤其如果我們才剛被拒絕，傷口還很痛。至交好友可能很關心我們，但如果他們表達同理和支持的能力有限，他們可能就不是我們最好的選擇。

任何一個罹患重大疾病、身受重傷、或像大衛一樣有先天障礙的人，可能都碰過旁人感覺不自在、別過頭去、避免接觸、「忘記」聯絡或「忘記」來訪，甚至完全斷絕往來的情形。癌症患者常和其他病友組成互助團體，一方面幫助彼此應付患病和治療的壓力，一方面也能從面臨類似掙扎與拒絕的同伴身上得到支持㉔。

嚐一口「社交小點心」

雖然最好是和能給我們支持、能讓我們有歸屬感的人建立關係，但我們不見得都能這麼做。在《浩劫重生》（*Cast Away*）這部電影中，查克・諾倫（湯姆・漢克斯飾）獨自困在荒島四年，期間他靠看女友凱莉的照片、跟排球「威爾遜」講話來應付「社交飢渴」。被他取名爲「威爾遜」的排球成爲他心愛的同伴。就像在沒辦法好好吃頓飯時，先吃個點心墊墊肚子，在遭到拒絕、排擠或覺得孤單時，藉由睹物思人嚐一口「社交小點心」，也能緩和我們的社交飢渴。

㉔ S. E. Taylor, R. L. Falke, S. J. Shoptaw, and R. R. Lichtman, "Social support, support groups, and the cancer patient," *Journal of Consulting and Clinical Psychology* 54 (1986): 608-15.

社交小點心有許多形式，但科學家發現，在遭到拒絕後，親人的照片是對我們的情緒最營養的一種小點心。在一項研究中，兩組受試者的書桌上分別放了親人的照片和名人的照片，研究人員請他們重溫過去遭到嚴重拒絕的一次回憶。一想起遭拒的往事，名人照片組的情緒大爲低落，親人照片組卻幾乎沒有情緒起伏[25]。像這樣的研究結果顯示，即將進入國、高中接受各種打擊的孩子們，最好是把偶像明星的海報換成阿公、阿嬤的沙龍照。

照片不是唯一有營養價值的社交小點心。其他研究發現，光是回憶和親朋好友的良好關係或溫暖互動，就足以降低人在遭拒後的攻擊衝動。讀別具意義的電郵或書信、看親人的影片，或使用具有親情、友情、愛情等紀念價值的東西，也能讓我們攝取到社交小點心的養分。紀念品和沒有生命的物體，一樣可以爲我們補充很高的「熱量」，尤其是在整體而言本來就很孤單的處境中，當事人還雪上加霜遭到了拒絕時，像是查克・諾倫和「威爾遜」的例子。下一次，我們想約心上人出去，或是去應徵新工作之前，爲了以防萬一，或許可以考慮隨身攜帶幾張親友團的照片，逼不得已也可以帶顆排球。

處方三摘要

・藥名：增進社會連結感

- **用法用量**：每逢遭拒務必服用。由於能用來增進社會連結感的方式有很多，你可以按照需求服用數種處方（例如和愛你、看重你的家人共度一個下午，之後再把那天下午的照片當成社交小點心）。
- **主要療效**：補足你對歸屬感的需求，並降低發怒和攻擊的衝動。
- **次要療效**：緩和受傷的感受及情緒的痛苦，重建受損的自尊。

處方四：自體減敏

不管是打給潛在的雇主，還是幫慈善機構向民眾募款，任何一個打過陌生拜訪電話的人，都知道剛開始幾通電話有多難打。聽到「謝謝，不用了」然後被對方掛電話，自然是很不愉快的經驗。但打到第五通或第六通，有趣的事情發生了——我們不再認爲對方的拒絕是針對個人。我們聳聳肩，把對方從名單上劃掉，接著打給名單上的下一個人。演藝人員也有一樣的經

㉕ W. L. Gardner, C. L. Pickett, and M. Knowles, "Social snacking and shielding: Using social symbols, selves, and surrogates in the service of belonging needs," in *The Social Outcast: Ostracism, Social Exclusion, Rejection, and Bullying*, edited by K. D. Williams and W. Von Hippel (New York: Psychology Press, 2005), 227-42.

驗。如果一個演員很少參加試鏡，沒通過試鏡的感覺可能就如晴天霹靂。但每星期都參加好幾場試鏡的演員，對這種拒絕就習以爲常得多。

之所以如此，是因爲一種叫做「減敏」（desensitization）的心理過程。越是暴露在令人不自在或不愉快的狀況下，我們就會變得越習慣，這些情況就越不會造成我們的困擾。當然，並非所有情況皆是如此，尤其當我們面臨更嚴重或更深刻的拒絕時。有些人生經驗無論重複幾次還是那麼痛，還是會重創情緒。但說到約人出去、打求職電話、申請實習機會或有資格限制的學程、主動結交新朋友等狀況，試著自體減敏一番會對我們有好處。

我曾輔導過一名二十幾歲的男性，他因爲怕遭到拒絕而不敢接近女性。我出了一個功課給他，要他在週末約九位女性出去。那週末他打算去三個不同的社交活動，我向他保證，如果他在每一場活動中都接近三名女性，到了第三場活動（同事的慶生會）時，他對可能遭到的拒絕就會有截然不同的感覺了。說來有趣，光是同意接下這個挑戰，他就有了立竿見影的變化。「甚至都還沒開始呢，想到要接近這麼多女人，我好像就有點信心了。反正我一定會遭到很多拒絕，一旦接受了這一點，再多的拒絕都莫名變得沒那麼可怕了。」

我們現在已經知道了，那個「莫名」的原因其實就是減敏。我這位個案最後沒能參與第三場活動。那週末的第一場活動，他連吞三次敗仗。但在第二場活動中，他很訝異有兩位女性都把電話號碼給了他。「而且其中一個號碼竟然不是假的！」他得意地向我回報道。結果，爲了跟給他眞實號碼的女人去約會，這個年輕人就沒去第三場活動了。

減敏可以有效降低遭拒帶來的情緒衝擊，但服用這帖藥方務必審愼、明智。它是那種在標籤上應寫明警告標語的藥方。除非有自信接下連番遭拒的挑戰，並審愼考量過執行的方式、確定何種做法能對自己有益，否則我不建議讀者嘗試自體減敏。最重要的一點是，要把我們的心力集中在有限的時間範圍內，因爲一旦時間拉長了，作用就會減弱，這帖藥方就收不到成效了。舉例而言，若不是我的個案短短一個週末就安排了多項社交活動，他就比較難找到恰當的機會，在三天內約九名女性出去。

處方四摘要

- **藥名**：自體減敏
- **用法用量**：僅針對特定情況服用，例如想要主動約人出去或結交新朋友時、應徵工作時、申請實習機會或有資格限制的學程時，抑或打陌生拜訪電話時。
- **警語**：宜審愼、明智服用，可能帶來嚴重的不適，唯有在自尊禁得起多次「小」拒絕的前提下方可服用。

・**療效**：為自己打造一層保護膜，因應未來可能遭到的拒絕，減輕受傷的感受和情緒的痛苦，修復受損的自尊。

何時諮詢心理衛生專業人士

遭拒後幫自己的情緒急救一下，應能緩和相關的四種典型創傷，並降低罹患長期心理併發症的風險。治療以往遭拒留下的舊傷可能也有助益，因爲治療舊傷能推我們一把，助我們朝療癒與康復之路邁進。然而，有些拒絕令人痛苦不堪，造成的傷口之深、損害之重，光靠緊急自救不足以修補破碎的心。

如果你遭到的拒絕很深、很重（例如因爲性取向或宗教信仰遭到全家人或全體社會的拒絕），或如果你長久以來一直飽受拒絕，尋求心理衛生專業人士的建議可能對你有幫助。如果你已服用了本章開出的藥方，情緒的痛苦仍未淡化、自尊依舊殘破不全、你還是很怕和人往來，則應諮詢心理衛生專業人士。如果你的憤怒和攻擊衝動強到自己無法控制，或有任何傷害自己或他人的念頭，請就近至醫療院所尋求心理衛生專業人士的立即協助。

2

孤單寂寞

人際關係肌肉無力

世界越來越小了。社群媒體讓我們同時和一堆朋友保持聯絡，數量就算沒有幾百人，也有個幾十人。約會網站提供了豐盛的潛在配對自助餐，讓我們舒舒服服窩在家裡就能交友交到飽。只要按一下電腦鍵盤，我們就能和世界各地志同道合的陌生人交上朋友。然而，儘管這個時代擁有史無前例的全球人際網絡，飽受孤寂之苦的人數卻也更甚以往。

二〇一〇年的美國人口普查發現，美國有二十七%的戶數皆爲獨居人口，目前數量已超過其他所有族群（例如單親或雙親的家戶）①。當然，不是每一個獨居的人都很寂寞，也不是每一個寂寞的人都獨居。許多人即使與配偶住在一起，或有長期穩定交往的對象，內心還是覺得很寂寞。事實上，世界上最遙遠的距離，就是我們同住在一個屋簷下，卻沒有其他的共同點。有形的距離越近，只是越凸顯出無形的隔閡與鴻溝，強烈的孤獨感便油然而生。

一個人寂寞與否，不是取決於人際關係的多寡，而是取決於這些關係的主觀品質，取決於我們自認在社交上或情感上有多孤單②。的確，許多人的通訊錄裡滿是泛泛之交，卻苦於沒有一份深刻的友誼。有些人擁有一群關係緊密、支持自己的朋友，但還是深深渴望有個感情歸宿。我們可能成天被同事包圍，但卻覺得自己很邊緣，和所有同事都有隔閡。我們可能幸而擁有牢固的家庭關係，但卻跟這些最關心我們的人分隔兩地。有幸健健康康活到老年、身體各項機能都很好的人，可能要看著朋友和伴侶相繼病倒、過世，面臨一波又一波的寂寞來襲。

寂寞對身心健康的衝擊

擁有別具意義的人際關係，是生活過得幸福、充實的必要條件。但長期的孤寂對我們的傷害，遠不止於動搖了基本的幸福快樂而已。孤單寂寞除了造成情緒的痛苦與情感的飢渴，也與臨床憂鬱症、自殺的念頭和行爲、憤世嫉俗的敵意及睡眠障礙有關③。

更重要的是，孤單寂寞對整體健康都有驚人的影響④。它改變心血管系統的功能（導致高血壓、身體質量指數上升、膽固醇較高），影響我們的內分泌系統（壓力荷爾蒙增加），甚至也影響我們的免疫系統。爲了以實例說明孤單寂寞對身體健康的直接衝擊，一項針對大學生的

---

① http://www.census.gov/newsroom/releases /archives/families_households/cb10-174.html.

② J. T. Cacioppo and L. C. Hawkley, "People thinking about people: The vicious cycle of being a social outcast in one's own mind," in *The Social Outcast: Ostracism, Social Exclusion, Rejection, and Bullying*, edited by K. D. Williams and W. Von Hippel (New York: Psychology Press, 2005), 91-108.

③ C. M. Masi, H. Chen, L. C. Hawkley, and J. T. Cacioppo, "A meta-analysis of interventions to reduce loneliness," *Personality and Social Psychology Review* 15(3) (2011): 219-66.

④出處同前。

研究發現，在身體健康的學生當中，孤獨者對流感疫苗的反應比不孤獨者差了一大截⑤。孤單寂寞也會導致心智能力衰退，包括決策能力變差、注意力和專注度下降、判斷力受損，以及加快阿茲海默症的退化速度。

看起來可能很不可思議，但就長期的身體健康而言，孤單寂寞和抽菸的危害一樣大⑥，它是真的會縮短我們幾年的壽命。每包菸盒上都有吸菸危害健康的警語，但很少有人警覺到「一天兩包社交孤立」的危險，以至於孤獨感很少引發迫切感，我們很少把掙脫孤獨魔爪、治療心理創傷的需求排在優先順位。

寂寞是會傳染的

孤獨造成的內傷之所以急需救治，另一個原因在於近來的研究顯示出一項驚人的事實——寂寞是會傳染的⑦！一項研究追蹤了寂寞在群體中隨著時間擴散的軌跡，發現其中存在明顯的傳染歷程：在研究一開始，與孤獨者有所接觸的人，到了研究結束時，他們自己也變得很寂寞的可能性更高。更有甚者，寂寞病毒的傳染力，取決於孤獨者和不孤獨者之間的親密程度。不孤獨者和孤獨者越親近，病毒傳染力就越強，本來不寂寞的人後來就會變得越寂寞。

科學家尤其發現，孤獨者持續被推向群體的外圍，來到越來越孤立的位置。旁人一旦和孤獨者密切接觸，他們自己也會受到影響，變得越來越邊緣。令人警惕的是，這種人傳人的傳染，甚至會超出和孤獨者親近的圈子，傳遍整個社會。諸如此類的研究，有助說明在當今社會上，孤單寂寞如何蔚爲流行，又爲什麼泛濫成災。

不幸的是，儘管寂寞有此傳染性，並對健康構成嚴重的威脅，但它仍是我們日常生活中備受忽視的一種心理傷害。很少人知道治療孤獨造成的內傷有多重要，而知道如何有效治療的人則又更少了。

孤獨造成的內傷

有鑒於孤單寂寞對身心健康的嚴重威脅，我們應該竭盡全力盡快擺脫它的危害。然而，要

⑤ S. D. Pressman, S. Cohen, G. E. Miller, A. Barkin, and B. Rabin, "Loneliness, social network size, and immune response to influenza vaccination in college freshmen," *Health Psychology*, 24(3) (2005): 297-306.

⑥ J. Holt-Lunstad, T. B. Smith, and J. B. Layton, "Social relationships and mortality risk: A meta-analytic review," *Public Library of Science Medicine* 7 (2010): 1-20.

⑦ J. T. Cacioppo, J. H. Fowler, and N. A. Christakis, "Alone in the crowd: The structure and spread of loneliness in a large social network," *Journal of Personality and Social Psychology* 97 (2009): 977-91.

這麼做，有兩項因素可能對我們形成挑戰。首先，孤獨導致我們過度挑剔自己和周遭旁人，也讓我們對現存的人際關係產生負面的評價，這一切都會影響我們和他人的互動。其次，孤獨有一個更不易察覺的作用，在於它讓我們以自誤的方式，表現出適得其反的行爲，導致我們的人際關係品質更差、數量更少。結果，社交和溝通技能、從別人的角度看事情的能力、同理和體會他人感受的能力等構成「人際關係肌肉」的纖維，本身變得虛弱無力，在我們最需要時反而使不上力。

容我釐清一件事：孤單寂寞不是我們的錯，也未必代表沒人想跟我們交朋友。但無論是什麼原因所致，一旦落入孤獨的處境，它就會引發一連串的心理反應，使得我們在無意間把這種處境持續下去，甚至讓自己的處境更惡劣。由於這種作用力通常是不自覺的，在我們能夠隨身攜帶的工具中，最重要的一項就是開放的頭腦。我們可能自認已竭盡全力改善自身處境，而且絕對沒做任何讓情況惡化的事情。但若能抱持開放的態度，承認可能是自己的行爲造成了自身的困境，我們就能欣然接納建議，找到辦法改變這些行爲。打開心胸、挑戰既定的認知、甘冒情緒的風險固然困難，但如果想要治療寂寞這種病，我們就必須有足夠的勇氣。

1. 令人痛苦的錯誤認知：
為什麼我總覺自己像個隱形人，別人卻一眼就看見我的孤單？

個案向心理師吐露的負面感受五花八門，但有一件事很少人有勇氣承認，那就是他們內心有多孤單。「孤獨」一詞背負著羞恥和自責的汙名，我們的思想多少受到這些汙名的影響。超過四十%的成年人在一生中會受到孤單寂寞的折磨，而且其中幾乎所有人都會因此對自己產生不好的觀感⑧。誠然，在孤獨造成的情緒傷害中，較爲嚴重的一種就是它會讓我們對自己和別人都產生不實的認知，並讓我們以過於嚴厲的眼光看待自己現有的人際關係和社會互動。

萊諾曾任軍官，打過二戰，多次獲頒英勇勳章。幾年前，他的女兒將他介紹到我這裡。他女兒是一位社工，住在外地，不在父親身邊，她很擔心父親越來越孤僻。萊諾一個人住（他太太幾年前過世了），女兒每天打電話給他，但他們的談話通常只有三言兩語，因爲萊諾認爲「電話是拿來預約訂位用的，不是拿來閒扯淡用的」。管它是不是閒扯淡，我很快就發現只要

⑧ L. C. Hawkley and J. T. Cacioppo, "Loneliness matters: A theoretical and empirical review of consequences and mechanisms," *Annals of Behavioral Medicine* 40 (2010): 218-27.

是跟人交談，萊諾都不愛，這使得我們的會談一開始有點窒礙難行。舉例而言，我想評估萊諾社交孤立的程度，結果我們的談話大概就像這樣：

「除了你女兒之外，還有誰會定期和你說說話呢？」

「幫傭。一星期來兩次。煮飯和打掃。」

「跟我說說你和她都聊些什麼吧。」

「她告訴我她煮了什麼。我把錢放在流理台上給她。」

「其他家庭成員呢？」

「除了我女兒就沒別的親戚了。」

「以前的戰友或同袍呢？你跟其中任何人有聯絡嗎？」

「沒有。」

「你覺得為什麼會這樣？」

「因為他們死了。」

我壓下嘆氣的衝動，對萊諾點點頭聊表同情。我繼續試探來試探去，終於發現萊諾確實有一項定期參與的社交活動——他是西洋棋社的社員。每星期二，萊諾會穿西裝、打領帶，到銀髮族活動中心下兩盤棋。不幸的是，以遊戲而言，下西洋棋對人際互動的貢獻，頂多就跟自己一個人玩接龍一樣。沒錯，西洋棋要有兩個人才下得起來，但下棋過程中，雙方要秉持非禮勿言的原則，以免干擾對手，害人家不能專心。

「你都和一樣的人下棋嗎？」我探問道。我很好奇在下棋時間以外，那邊的常客有沒有人會聚在一起。

「多半都是。」

「你試過跟他們交朋友嗎？」

「他們沒興趣。」

「你怎麼知道？」

「他們爲什麼會想跟我交朋友？我都八十歲了欸！」我懷疑年齡不是眞正的問題，畢竟那本來就是一個銀髮族專屬社團，其他社員能比他年輕多少？

「你八十歲，那他們……？」

「他們沒興趣。」

「那他們會和彼此交朋友嗎？」

「有時候。」

「然後他們從來不會邀你加入？」

「就跟你說他們沒興趣嘛！」

萊諾什麼證據也沒有，社員不見得會礙於年齡之類的因素而不跟他做朋友。儘管如此，萊諾還是認定西洋棋社其他「較年輕的」社員都會拒他於千里之外。但他決心不計一切代價避免失望和遭拒。他在棋賽開始前抵達會場，最後一輪比賽結束後就立刻離開。他不接近任何人。每逢中場休息時間，他就自己坐在角落裡看書。換言之，他不給其他西洋棋社的社員任何認識他的機會。

我們第一次見面時，萊諾已經飽嚐了幾年的孤單寂寞，他那套自誤的策略也已根深柢固。然而，我們對於自身社交處境的認知，可能要不了多久就會受到孤單寂寞的扭曲。舉例而言，科學家發現，光是請大學生回憶人生中某次感到孤單或社交孤立的情境，就足以讓他們對自己目前的人際支持系統產生負面評價，同時也助長了他們的羞怯、提高了他們的社交焦慮、導致情緒低落和自信心驟降，並爲他們的樂觀蒙上一層陰影⑨。

比起不孤單的時候，孤單也導致我們以更嚴厲的眼光評價他人、以更負面的態度看待人我互動。另一項研究錄下了受試學生和一位朋友的互動，接著，研究人員請受試者評價一下那次互動和這份友誼的品質。在互動和友誼這兩方面，孤單的人給出的評價都比不孤單的人更負面。一星期後，研究人員讓參與者再看一次錄影帶。不孤單的人評價沒有改變，孤單的人對友誼的評價到了第二次甚至更負面了⑩。

萊諾認爲西洋棋社的社員之所以忽視他、冷落他，是因爲他們根本看不見他的存在。然而，孤獨很可悲也很諷刺的一點是，我們常常覺得自己就像隱形人，殊不知我們的孤獨在別人眼中無所遁形。有多項研究都發現，旁人很容易看得出來一個人孤獨與否，而我們一旦被貼上孤獨的標籤，就很有可能因此受到負面的評價⑪。比起受到人群簇擁的人，孤單的人往往被認爲外貌不如人，甚至聰明才智不如人⑫（無論長相多迷人，也不保證你就能對孤單寂寞免疫⑬。

⑨ R. F. Baumeister, J. M. Twenge, and C. K. Nuss, "Effects of social exclusion on cognitive processes: Anticipated aloneness reduces intelligent thought," *Journal of Personality and Social Psychology* 83 (2002): 817-27.

⑩ S. Duck, K. Pond, and G. Leatham, "Loneliness and the evaluation of relational events," *Journal of Social and Personal Relationships* 11 (1994): 253-76.

⑪ K. J. Rotenberg and J. Kmill, "Perception of lonely and non-lonely persons as a function of individual differences in loneliness," *Journal of Social and Personal Relationships* 9 (1992): 325-30.

⑫ S. Lau and G. E. Gruen, "The social stigma of loneliness: Effect of target person's and perceiver's sex," *Personality and Social Psychology Bulletin* 18 (1992): 182-89.

⑬ J. T. Cacioppo and L. C. Hawkley, "People thinking about people: The vicious cycle of being a social outcast in one's own mind," in *The Social Outcast: Ostracism, Social Exclusion, Rejection, and Bullying*, edited by K. D. Williams and W. Von Hippel (New York: Psychology Press, 2005), 91-108.

就人際關係的質與量而言，外表出眾的人可能一開始會吸引較多人，但在「質」的方面並無不同，俊男美女一樣可能會有孤單寂寞的感覺）。

重點是孤單寂寞以各種方式影響我們的認知。它影響我們看待自己和他人的眼光，也影響我們對互動狀況和人際關係的評價。孤單寂寞還會影響別人看待我們的眼光，讓我們在別人眼裡顯得不有趣、不迷人，也讓人覺得和我們交朋友沒意思。這些因素加在一起，使得我們很難脫下身上的隱形大衣，成功建立新的社會連結或加深既有的情誼。

2. 自誤的預言：為什麼越努力越失敗？

人生中許多的孤單寂寞之旅，都是從各種過渡期和蛻變期開始的。初抵校門的大學新鮮人，周遭盡是陌生的面孔，不僅離鄉背井，也遠離老朋友的舒適圈，常常覺得孤單到了極點。離婚、分居和喪偶，尤其是在猝不及防的情況下，也會讓我們對伴隨而來的孤單寂寞毫無準備。工作和同事一旦變成我們社會互動和社會參與的主要來源，失業可能就意味著在我們最需要時失去了全部的社會支持。搬家和移民的一大特點，往往就是一段很長的孤獨期，因爲我們要從零開始建立新的人際圈和支持系統。

在這每一個例子當中，一旦適應了新的現實情況、重新打好社交基礎，我們一般就會脫離孤獨的處境。多數的大學新鮮人最終都交到了新朋友。失婚人士一般在離婚後一年內就會開始交男女朋友（儘管喪偶的情況要花比較久的時間）。爲了找工作，我們往往就需要重拾舊有的人脈、聯繫久未聯絡的舊識。而在陌生的城鎮或社區生活，多數人最終都能建立緊密的社會連結。

然而，有時過了一般需要的適應期很久之後，孤獨的魔爪還是冷冰冰地緊握不放。我們深陷其中，一波又一波的情緒痛苦將我們癱瘓，無價值感和絕望感將我們打敗，社交和情感孤立的空虛將我們征服。

爲什麼會這樣？是什麼讓某些人無法掙脫孤獨的束縛、讓人生重回軌道？

答案是除了令人痛苦的錯誤認知之外，孤獨也促使我們落入自我保護和迴避他人的循環⑭，導致我們造就出自證預言❶，並在不經意間將我們想要靠近的人推開。

瑟琳娜是我最近輔導的一位中學老師，她就置身於這樣的惡性循環中，而且她自己渾然不

⑭出處同前。

❶自證預言（self-fulfilling prophecy），心理學術語，指一個人在不經意間應驗了自己對自己的預言，例如預料自己會被排擠，不知不覺間就真的被排擠了。

覺。她之所以來做心理諮商，是因爲她的「感情世界一片空白」。一開始，我想不透她怎麼會母胎單身到現在。她大概三十五歲左右，外型亮麗搶眼，我毫不懷疑她一定備受男人矚目。結果我很快就得知，瑟琳娜的外貌在四年前歷經一次大改造，那時她的體重減了將近四十公斤。

「我當了一輩子的胖妹。男人的目光都會直接略過我，彷彿我不在場似的。」瑟琳娜悵然補上一句：「相信我，我很難讓人看不見。」她接著又說：「現在，他們盯著我瞧、對著我笑、衝著我眨眼睛。說不上來爲什麼，我覺得一切還是跟以前一樣。他們是對我的長相有反應，但說到我這個人的內涵，他們還是看不見。」

瑟琳娜急著找對象，但她也深怕受傷害。多年來遭到的拒絕和飽嚐的孤獨，只爲她證實了她的猶豫和懷疑是有道理的。她的畏懼導致她給人退縮、防衛心重、充滿戒心的印象，結果她和男人約會的氣氛往往緊張又尷尬，很少有男士表達想再跟她見面的意願。瑟琳娜懷疑他們打從一開始就對「眞正的她」沒興趣，而他們後續沒再跟她聯絡，只是證實了她原先的懷疑。事實上，在約會過程中，「眞正的瑟琳娜」時時躲在一道心牆後面，打從一開始她就沒露出自己眞實的一面，但她從沒想過這一點。

我們之所以落入這種循環，是因爲孤獨澆熄了我們的社交動機。一旦我們覺得自己禁不住打擊，一旦我們覺得自己跟群體脫節，我們就會有很強的自我保護心態，力圖減少可能的負面回應或來自他人的拒絕。結果是我們抱著懷疑、不信任、猜忌和焦慮與人接觸，或我們設法完全避免與人接觸。因爲我們對人際互動不抱正面的期待，我們就越來越少採取主動，當別人採取主動時，我們也越來越少予以回應。

不幸的是，孤單的處境爲時越久，我們就越難改變自己的認知和行爲，越難突破自誤的循環，越難跳脫將這種處境延續下去的想法和做法。最後的下場就是我們表現出拒人於外的行爲，將能夠給我們陪伴的人推開，接著，別人和我們之間的距離，又被我們當成另一個自己不受歡迎的證據。結果，我們覺得自己像是被動的受害者，置身於一個冷酷的世界裡，渾然不知其中有多少成分是我們造成了自己的困境。

3. 人際關係肌肉萎縮：肌肉不用就會萎縮

奧邦是一位成功的業務員。經他太太布蘭卡苦勸幾個月之後，兩人一起來做婚姻諮商。「布蘭卡指責我嫁給了工作，依我看，她說的也沒錯。倒不是我想這樣，而是我的工作不得不這樣。我就連在家的時候都得工作，布蘭卡覺得很沮喪。我完全了解她的感受。」奧邦伸手攬住他太太，對她眨眨眼睛說：「我都跟她說，小老婆會跟大老婆吃醋是理所當然的。」

布蘭卡連忙掙脫他的懷抱。「你也知道我不認爲這有什麼好笑！」布蘭卡轉頭面向我說：

「他老愛跟人說這個笑話。我恨透這個笑話了。」她把頭轉回去，噙著淚水對奧邦說：「我困擾的不是你常常不在家，而是你在家的時候，我們之間眞的沒有交流。沒有感情。沒有浪漫。沒有親密。我很寂寞，我心裡很苦……而你不在乎。」

奧邦也濕了眼眶。「我當然在乎！而且我也覺得很寂寞。你老是在生氣，我很難跟你溝通。上星期情人節，我買了鮮花和卡片給你，你給我的回報就是對我吼。」

「因爲你根本沒有送給我啊！你急著去查看工作郵件，只是把禮物丟在廚房流理台上。我是在兩小時後自己發現的，這時你已經睡著了！」

「可是禮物是爲你買的啊！你老跟我說重要的是心意，結果才不是那樣！」

「禮物是爲我買的，可是你沒想著要送給我。你想的是把禮物放在廚房流理台上，就跟你把錢放在流理台上給清潔婦一樣！」

隨著他們的口角越演越烈，情況也越來越明顯。把花放在流理台上這件事，顯然不是奧邦的好意變了調唯一的例子。他顯然很在乎布蘭卡，但當他要把內心的感受化爲行動時，事情總是一再出錯。從布蘭卡氣到這種地步和他們無法溝通的程度看來，這種情況顯然持續好一陣子了。

當我們和別人缺乏深刻、有意義的交流，或者當我們沒有付出時間、心力經營感情，維持這些關係所需的技能就得不到鍛鍊。「人際關係肌肉群」發揮作用的方式就跟一般肌肉一樣。若是沒有定期使用人際關係肌肉（例如同理他人的能力，或從別人的角度看事情的能力），抑或使用不當，這些肌肉就會萎縮，逐漸喪失功用。

問題是，我們常常沒發覺自己的人際關係肌肉群已經鬆弛了。奧邦認爲他的人際關係肌肉群功能正常，實則不然。沒錯，他是費了心思和力氣，買了鮮花和卡片給布蘭卡。但把禮物丟在流理台上，然後就徹底忘了這回事，抹煞了他的心意本來可能收到的正面效果。

感冒臥床一星期後，開始試著走路時，我們往往會很訝異自己的雙腳有多無力。我們站也站不住，只能一屁股癱坐在地。在這種情況下，我們很快就會意識到自己的肌力減退了。但說到人際關係肌力不足，我們卻很少有一樣的自覺，無論我們已經象徵性地「癱坐在地」多少次。就像奧邦的例子，他不覺得自己的人際關係肌肉群失能，只覺得布蘭卡不知感激。

再舉另一個例子。單身很久之後，在第一次約會中表現不佳時，我們很少歸咎於生疏的約會技巧和無力的人際關係肌肉，而是把對方的拒絕想成是針對個人，認爲這只反映出我們就是不討人喜歡。

就算意識到強化人際關係肌肉群的必要好了，我們往往也看不見自己的施力有多不平均。舉例而言，針對瑟琳娜乏善可陳的約會經驗，一旦我讓她意識到問題可能出在她身上，她就決心改變自己給人的印象。然而，剛開始幾次約會還是一樣失敗，這回是因爲她用力過頭，讓人覺得她太急了。

我們的社交技能絕對是改善得了的，但許多落入孤獨處境的人都要面臨一個更可怕的挑戰，那就是鍛鍊出以前從來不曾用過的肌肉。瑟琳娜沒有交男朋友的經驗。萊諾在輕鬆隨意的社交和閒聊這方面，不但沒什麼經驗，而且他還覺得難以忍受。相形之下，奧邦欠缺將心比心的能力，他體會不到布蘭卡的需求和感受，也就沒辦法好好傳達他對她的心意。在這些例子中，他們都需要學習新的技巧，並鼓起勇氣活用這些技巧，不顧其中涉及的情緒風險。

萊諾就是一個很好的例子，他老是忽視一些很重要的「眉角」。我最終成功說服他主動接近史丹利。在西洋棋社的社員中，他最喜歡跟史丹利下棋了。我建議他們一起喝杯咖啡。我們談到他在提出邀請前要先針對棋賽聊一兩句，如此一來，他才不會顯得太唐突。到了下一次的會談，萊諾一來就立刻告訴我，他總算放手一搏，主動邀史丹利一起喝咖啡了。

「好極了！」我回應道。「所以他答應了？」

「他拒絕了。」

我努力掩飾自己的失望。「很遺憾聽你這麼說。他有說爲什麼嗎？」

「他不用告訴我爲什麼。因爲他是我的手下敗將，他輸不起。」萊諾接著告訴我，史丹利以前是全社最厲害的棋手，直到萊諾加入以後，史丹利就老是輸給萊諾。我很訝異萊諾沒想到這件事很重要，他應該先跟我提出來才對。若是能從史丹利的角度去設想，萊諾或許就能明白，每一場棋賽都獲勝、拒絕和其他社員互動，再加上休息時間躲在角落裡看書，使得他在別人眼中顯得很難親近，甚至很瞧不起人，尤其是在史丹利眼裡。

對建立、維繫密切的友誼和拉近情感的距離而言，從別人的角度了解對方的需求和感受至關重要。當人際關係肌肉虛弱無力，我們就會忽略別人重要的想法和感受，我們的努力便常常換來失敗的結果。

治療孤獨創傷的六帖處方和使用原則

很多令人孤單寂寞的情況都是暫時的，相對而言，我們在短時間內就能恢復過來。舉例來說，孩子們在夏令營剛開始幾小時或幾天內就能交到新朋友。感情不幸福的人一旦分手之後，若是和失去聯繫的親朋好友重拾聯絡，可能反而覺得鬆一口氣。當我們長期深陷孤獨的魔爪，而且覺得自己無力改變社交孤立和情感疏離的處境，那麼治療孤獨造成的內傷就會是比較迫切的一件事。現在，讓我們打開心理急救箱，看看有哪些治療的選項和用藥原則。

孤單寂寞除了帶來情緒上的痛苦與煎熬，還會造成另外三種需要急救的心理傷害。首先，我們要能認清並改變導致自誤行爲的不實認知。就算很難看得清楚，但如果我們已經孤單了好一段時日，這些不實的認知絕對是存在的。其次，我們需要增加並強化自己的人際關係肌肉群，如此一來，我們對於建立新關係和加深既有情誼的努力，才會更成功、更有意義，也更令人滿足。第三，我們要盡量減少孤單寂寞持續帶來的情緒困擾，尤其是在改善既有社會連結和創造新關係的選擇很有限的情況下。

以下處方依應有的服用順序排列。處方一（挑戰負面認知）和處方二（辨認自誤的行爲），主要的作用在於扭轉孤單寂寞導致的錯誤認知，並矯正因爲錯誤認知而產生的自誤行爲。處方三（採取別人的觀點）和處方四（加深情誼），有助於強化「開拓新的人際圈」或「鞏固舊有人際圈」必備的人際關係肌肉。處方五（爲建立社會連結創造機會）有助於找出新的社會參與管道。處方六（領養毛小孩）探討的是如何減輕孤單寂寞帶來的情緒困擾，尤其適合沒什麼機會開拓或改善社會連結品質的人（因爲地理位置的孤立、健康或行動上的限制，或因爲其他特殊情況）。

如同所有的情緒傷害，孤獨造成的內傷最好盡快救治。越久沒有動用人際關係肌肉群，這些肌肉就會萎縮得越厲害，重新恢復完整功能要花的時間也就越久。更有甚者，重建任何一種肌肉都需要反覆的練習和耐心。如果我們操之過急，很可能又會傷到自己，徒增失望與挫折。

而且別忘了，不是每一種孤單寂寞都能單靠急救術治癒。在本章結尾，我會談到何時應該諮詢心理衛生專業人士。

處方一：脫下染上負面色彩的眼鏡

孤單寂寞讓我們時時保持戒備。我們隨時準備迎接自認一定會發生的失望與拒絕，結果導致我們錯過建立社會連結的機會，讓我們表現出拒人於千里之外的行爲。爲了挑戰這些扭曲的眼光、避免做出不利於自己的舉動，我們需要做以下三件事情。

1. 力抗悲觀

孤單寂寞讓我們一想到社交就立刻產生負面想法。我們受邀參加派對，尷尬、遭拒和失望的鮮明畫面就不請自來躍入腦海。我們認爲那裡一定滿場都是不認識的人。我們想像自己一個人站在蔬菜棒和鷹嘴豆泥沾醬旁邊，覺得自己一副惹眼又困窘的模樣。想到要接近一個陌生人、主動跟對方談話，就足以引發我們一陣恐慌。想到要接近一群陌生人則又更糟了。我們預料任何接近別人的努力都會是災難一場。

儘管灰暗的念頭防不勝防，要對抗恐懼與悲觀最好的辦法，就是刻意想像既合理又實際的成功情境。透過在腦海裡想像成功的結果，我們就比較能在機會冒出來時趕緊把握並善加利用。舉例而言，我們大可假設派對上的人也可能很友善、很歡迎我們，見到我們很高興，也樂於和我們聊聊天。即使沒認識新朋友，我們也有可能和一、兩位舊識共度愉快的敘舊時光。說不定到了派對結束時，我們還能約定在不久的將來見個面。

萊諾必須克服西洋棋社其他社員都沒興趣跟他交朋友的想法（「他們為什麼會想跟我交朋友？我都八十歲了欸！」）。一旦遭到史丹利的拒絕，萊諾就極度不願意再去接近任何人了。我的當務之急就是協助萊諾看見自己做了什麼，何以造就這種局面。

「你看事情太負面了，萊諾。」我解釋道：「沒錯，他們沒約你出去，但你也沒給他們約你出去的理由。他們對你、對你的人生、對你的想法或感受一無所知。」

「所以你也覺得跟他們交朋友沒意義吧。」萊諾點頭道。

「不是的，我的意思恰恰相反。我是說情況不像看起來那麼悲觀，而且你可以做點什麼。讓他們認識你。聊個兩句，寒暄一下，抱怨一下天氣，或者問問他們週末怎麼過的。你試個兩星期，我保證他們會比較願意跟你相處，甚至包括史丹利。」

萊諾對於主動和西洋棋社的社員聊天很猶豫，直到我訴諸他的軍事經驗，把這項挑戰比喻成他有待達成的作戰任務，他才終於答應試試看。經過幾星期的隨意閒聊之後，他鼓起勇氣邀另一位社員去喝咖啡。又過了幾星期，他們約在一家快餐店碰面。我告訴萊諾說他的努力有多麼了不起。「我知道要敞開心扉和人聊天有多難，但我很高興你做到了。我確定你也為其他社員帶來了新氣象。」我補充道：「誰曉得呢？說不定你和史丹利總有一天會一起喝杯咖啡。」

「永遠不會有這一天。」萊諾不假思索地說。

「你又負面起來了。」我提醒他道。

「反正不會發生這種事。」萊諾堅稱。

「真的嗎？」我追問道：「為什麼不會？」

「因為史丹利死了。」

萊諾告訴我，史丹利兩星期前過世了。他的死讓其他社員彼此之間說了比較多的話，距離也變得比較近。他們決定這個月稍晚要去參加史丹利的追悼會。後來他們真的去了，而且萊諾跟他們一起。

2. 收起疑心

孤獨另一個對我們造成負荷的不實認知，在於我們很容易會往壞處想，先入為主地假設別人對我們的觀感不佳。托比是一個最近剛失業的年輕人。他最好的朋友每年都會辦耶誕趴，聖誕假期快到了，這次托比卻沒收到邀請，他心裡備受打擊。這位朋友仍在同一家公司工作，托比認爲一定是因爲他被開除了，朋友就不想再跟他有瓜葛了。由於我知道托比剛換了電郵信箱（以前他的私人聯絡也都是用工作信箱），我建議他查看一下垃圾郵件匣。這一看可不得了，邀請函好端端的在那裡，一直等著他去收。托比白白難過了兩星期，覺得自己遭到背叛，爲已逝的友誼追悼不已，殊不知這份友誼完好如初（但如果他錯過了朋友的耶誕趴，又沒給對方任何解釋，這份友誼可能就有得追悼了）。

孤獨可能會讓我們懷疑朋友對我們的感覺，但我們應該隨時把自己的疑心平衡過來，提醒自己雙方共有的回憶和共享的經驗，切記是這些往事創造並維繫了日積月累的友誼。這麼做有助於鞏固我們對這段友誼的信心，打破孤獨激起的恐懼可能導致的懷疑。

從胖妹變辣妹的中學老師瑟琳娜，也是很快就會對別人和別人的心意妄下定論。她認定對她表示好感的男人只是看上她的外表，無意了解「眞正的她」。雖說這些男士無疑是受她的外貌吸引，但他們一定也想多認識她一點。說實在的，正是她封閉和防衛的行爲，使得他們多數人都不敢再約她出去。

在某個社交場合上，瑟琳娜偶遇一位兩、三年前跟她約會過的男士。她還以爲當初是對方拒絕了她，不料他竟向朋友介紹說她是「瑟琳娜，跟我約過一次會就甩了我的美女」。顯然，他把她的防衛心誤認為沒興趣了。瑟琳娜若是姑且收起戒心，表達出自己的好感，他一定很樂意主動約她第二次。

在已經覺得很孤單、擔心自己被拒絕的情況下，人會畏懼怯懦也是情有可原的事。但深陷在恐懼之中，只會帶來適得其反的結果。我們應該力抗內心波濤洶湧的疑慮，面對新舊朋友都不要妄下定論，姑且給對方一次機會。

3. 採取行動

長期受到孤寂的啃噬，導致我們將自己視為形勢所迫的被動受害者，自認無力改變社交、情感或親密關係中的孤絕處境。但就算這種感覺再強烈，它仍是建立在太負面、太悲觀的認知上。我們總是可以採取行動改善自身處境。採取行動很重要，因為如此一來，我們不管是對自己，還是對未來的前景，都會有較良好的感受。萊諾有滿滿一屋子的西洋棋同好，他大可從中挑人來交新朋友。瑟琳娜有數不清的男友候選人，個個都想爭取她的注意。托比的前同事中有很多人都想和他延續友誼。然而，孤寂的心情讓他們三人都以為自己的選擇很有限。

找出社會連結的管道

針對如何擴大和加深社會連結，從而化解無助的感受，下述寫作練習有助找出你可以採取的行動。

1. 檢視你的電話簿、電子郵件通訊錄和社群媒體聯絡人，列一張你認為是朋友或熟人的名單。

2. 針對每一個人，寫下你們上次見面或聯絡是什麼時候，列一張已有一段時日沒聯絡的重點名單。

3. 依你在哪些人面前最自在的順序排列，最終的排序代表你應該優先聯絡誰。每星期至少聯絡其中一、兩個人，如有可能就主動約對方見面。

4. 到提供聚會或活動資訊的網站，捲動頁面瀏覽網站上的類別。舉例而言，Meetup（meetup.com）就是一個為同好或同行列出聚會資訊的網站❷。即使沒找到符合個人興趣的專題聚會，諸如此類的網站仍是為你提供點子的好地方，你可以從中挖掘出自己感興趣的活動或嗜好。

5. **找出至少三種你想從事的活動或主題（例如讀書會、成人教育課程、登山社或單車隊）。上網搜尋你那一區的聚會。**

用你列的清單為既有的友誼充飽電，並探索結交新朋友的管道。

❷在台灣類似的網站有 KKTIX、Accupass 活動通、Citytalk 城市通、活動咖 EventPal、Openbook 閱讀通等等。

處方一摘要

- **藥名**：脫下染上負面色彩的眼鏡
- **用法用量**：服下整副藥方，必要時重複服用，直到你的社交生活或感情生活重新活絡起來。
- **主要療效**：糾正令人痛苦的錯誤認知，避免落入自證預言的圈套。
- **次要療效**：減輕情緒折磨。

處方二：辨認自誤的行為

孤獨讓我們在接近別人時抱著戒心與疑心，而在別人眼中，我們散發出來的距離感通常很明顯，別人因此就對我們退避三舍。我們又因此受到打擊，得出自己一開始就該更謹慎小心的結論。我們往往渾然不覺是自己的表現造就了自證預言。人生常是這樣的：出於恐懼的行動反而招來了我們所害怕的結果。

但如果在我們自己的心目中，那些自誤的想法和行為都是合情合理的，那麼我們要如何辨認出自毀的舉動呢？

事實上，儘管我們在當下可能看不見自己的自誤行為，事後回想起來卻能看得清楚得多。舉例而言，在社交場合上，如果我們認識的少數幾個人已經聊開了，我們可能覺得自己待在一旁很合理。但到了第二天，一旦那份社交焦慮解除了，我們可能就會體認到，當下其實大可加入他們的談話，或至少向一、兩位陌生人介紹自己。

更重要的是，我們往往會在各種情況下反覆上演相同的自誤行為。所以，一旦有了警覺，我們應該就會比較容易辨識出這些行為的存在。一旦體認到自己有哪些自誤的傾向，我們就能多加注意，並在老毛病又犯時當場逮住自己。

所以，不妨把自己想成一個有警覺心的人吧。

想到要精確地分析自己的行爲，我們一開始可能會覺得做不來。但當我請個案反思他們的人際互動情形，並從中找出自己的缺失時，他們一般都做得很不錯。一旦接受了「我們的做法至少有一些會對自己不利」的基本前提，我們應該就能開始分辨自己到底說了什麼、做了什麼，導致事與願違的結果。舉例而言，瑟琳娜很快就體認到，她很少問約會對象關於他們自己的問題。可能就是這種疏失，使得約會對象認爲她對他們沒興趣。此外，她緊張焦慮到在約會時難得露出笑容，更別提開懷大笑了。體認到這一點之後，她不禁惋惜起以前約會的情形。但在惋惜之餘，她也對問題的癥結多了一份領悟。

「他們一定以爲我跟他們在一起不開心吧。天啊，我眞是一個差勁的約會對象！」

「太差勁了！」我附和道，瑟琳娜聽了不禁失笑。我又說：「但要不要繼續差勁下去就操之在你了。」

瑟琳娜的自誤行爲絕非什麼稀奇事。其他常見的自誤行爲還有：找薄弱的藉口推掉社交活動的邀約；不參加臨時起意的聚會，因爲你在心理上或其他方面「沒有準備」；疏於向朋友和同事送上生日祝福或其他恭賀的訊息；把友善的玩笑話看得太過針對個人；表現出充滿防衛的肢體語言，例如雙臂抱在胸前、手插口袋、誇張地狂翻皮包、假裝興味盎然地查看不存在的簡訊；給予敷衍或只有一個字的回應，又或者滔滔不絕霸占談話的機會，疏於問候對方的生活和意見；向剛認識的人掏心掏肺傾訴衷腸。

情緒自救練習 4

自誤行為辨識術

好好想想自己在親朋好友、同事、約會對象或任何人際接觸中給人的印象。試著找出至少三種拒人於外的行為（包括沒表現出興趣之類的疏忽），即使這些行為看似完全合理或顯得相對輕微。

1. 寫一份「小抄」，列出你有哪些自誤行為。

2. 一旦辨識出自己可能哪裡做得不對，未來就要提高警覺，極力避免相同的行為。隨身攜帶你的自誤行為小抄，每逢參與社交活動前拿出來讀一下。一旦準確揪出自己的自誤行為，便能改變自誤的機制，但不要奢望三兩下就一網打盡。在下一單元中，我們會看到所有社交技巧都需要練習。

處方二摘要

- **藥名**：揪出不利於自己的行為
- **用法用量**：在不成功的社交互動後盡快服下整副藥方。參加任何即將到來的社交活動前，務必把你的小抄先讀一遍，如此一來，你才能盡量多加注意，減少自誤的行為。
- **主要療效**：改善交朋友和談戀愛時的互動，避免自誤的行為，改正令人痛苦的不實認知。
- **次要療效**：減輕情緒折磨。

處方三：採取別人的觀點

任何一種人際關係向來都關乎「給」與「取」。但要「給」得成功，我們得要能夠「採取」別人的觀點，此所謂「觀點取替」（perspective taking）。準確解讀別人的心思是至關重要的一條人際關係肌肉，它讓我們了解別人重視的是什麼、動機是什麼，也讓我們能夠事先設想別人的行爲，甚至猜到別人會有什麼反應。它增強我們成功與人協調和合作的能力、擬訂策略和解決問題的能力、進行有效溝通的能力。它也增強我們發揮同理心、利他精神和替別人想的能力。

孤寂的心情和社交孤立的處境，導致我們的觀點取替肌肉衰弱無力，使得我們更有可能踩到別人的地雷，或是給別人言行失當、太過急切或太過疏遠的印象。要重建這條人際關係肌肉，最快的辦法就是揪出自己的觀點取替過失，並且加以改正。接下來的三種過失最爲重要[15]，務必謹記在心，因爲它們代表了我們最常犯的疏失。

1. 在應該動用觀點取替肌肉時不曾動用

這道理聽起來可能很簡單，我們之所以常常不了解別人的心思，是因爲我們打從一開始就不曾試著去了解。觀點取替不是什麼神奇的讀心術，而是一種心智練習。如果我們不用心去想別人是怎麼看待事情的、別人可能會作何反應、或別人的著眼點和我們有什麼不一樣，我們在跟人互動時就不可能顧及這些層面。這種疏失最常見的例子就是開錯玩笑。在考慮要不要開玩笑時，我們一般都只想到自己覺不覺得好笑，而沒去設想別人的感受⑯。奧邦以爲把他太太比喻成「小老婆」（相對於他的工作而言）很好笑，但布蘭卡顯然不覺得好笑。奧邦要是稍微想想布蘭卡以前對這個玩笑的反應，他應該立刻就能明白她會作何感受了。

2. 偏重自己的觀點

我們的觀點在自己眼裡是那麼理所當然，以至於我們常常沒給別人的觀點足夠的分量。舉例而言，科學家研究了人如何解讀電話和電郵中或誠懇或帶刺的語句⑰。在電話中，我們可以

⑮ N. Epley and E. M. Caruso, "Perspective taking: Misstepping into others' shoes," in *Handbook of Imagination and Mental Simulation*, edited by K. D. Markman, W. M. P. Klein, and J. A. Suhr (New York: Psychology Press, 2009), 295-309.

⑯ 出處同前。

⑰ N. Eply, C. Morewedge, and B. Keysar, "Perspective taking as egocentric anchoring and adjustment," *Journal of Personality and Social Psychology* 87 (2004): 327-39.

從語氣偵測到嘲諷的意味，電郵則缺乏語氣的線索幫助收信人了解寄件人的本意。儘管我們都很清楚這一點，但我們卻一再預期讀信人能夠像講電話一樣，準確區分電郵中的眞心話和冷言冷語。我們也一再驚訝地發現對方會錯意了。

之所以會發生這種情形，是因爲雖然知道電子通訊很容易被誤解，但我們往往都會假設那是讀信人的錯。然而，研究卻明白顯示，錯在寄信人所做的假設。要能改正這個錯誤，我們必須給別人的觀點一樣的分量，設想對方可能如何解讀我們的電郵（還有，加上表情符號不是解決之道）。

3. 考量點錯誤

能夠藉以了解對方想法的「明確」線索（例如對方的臉部表情），我們常常沒有納入考量，卻貿然把「失準」的線索（例如空泛的刻板印象或小道消息）當成考量的重點。舉例而言，評估和我們類似的人有什麼喜好時，我們往往會把自己當成參照。但如果別人跟我們不是那麼相像，我們在評估對方喜好時就可能訴諸刻板印象。仔細想想這種作用如何在送禮的情境中造成影響，你就會明白爺爺在聖誕節爲什麼收到了二十三雙毛襪，卻沒有收到他從感恩節起就不斷暗示的電子閱讀器⑱。

親密關係中的觀點取替錯誤

照理說，我們和一個人越熟悉，就應該越能準確解讀對方的心思。所以，我們可能會假設一對夫妻在一起越久，雙方之間所犯的觀點取替錯誤就會越少。然而，絕大多數的伴侶諮商心理師都能作證，在一起越久的兩個人，觀點取替的紕漏反而越多。

爲什麼會這樣？

不幸的是，夫妻間對彼此的熟悉正是絆住他們的陷阱⑲。和另一半相處的時間越長，我們就越是自以爲想都不用想便能了解對方的想法（此爲排名第一的觀點取替錯誤）。然而，熟悉的程度往往不會賦予我們解讀他人心思的能力，這種「自以爲」可能只是屢屢陷我們於不義而已。

---

⑱ D. Lerouge and L. Warlop, "Why is it so hard to predict our partner's product preferences: The effects of target familiarity on prediction accuracy," *Journal of Consumer Research* 33 (2006): 393-402.

⑲ W. B. Swann and M. J. Gill, "Confidence and accuracy in person perception: Do we know what we think we know about our relationship partners?" *Journal of Personality and Social Psychology* 73 (1997): 747-57.

對親密關係而言，此一盲點可能極爲棘手。舉例來說，伴侶之間就常因此害怕過生日和情人節。其中一方想著：「爲什麼我的另一半永遠搞不懂我要什麼？」另一方則想著：「不管我費了多大的勁，反正送什麼都不對。」事實上，雙方都沒有花一點時間從對方的角度看事情，否則他們就知道要和彼此溝通，事先釐清自己的期望，而不是年復一年上演一樣的送禮災難。

當然，伴侶之間要把話說開未必容易。布蘭卡之所以拉奧邦來做婚姻諮商，其中一個原因就在於每次她想和他談兩人之間的問題，奧邦就會像蛤蜊合起殼來悶不吭聲。的確，太太們往往比先生們更善於表達自己的感受和期望，導致先生們覺得自己在打一場沒有勝算的仗。爲了不要說錯話，他們寧可什麼也不說，只求盡快結束這「輸定了」的一仗。女人要對付男人這種毛病，最好的辦法就是避免自己說得比另一半更多。女人應該給男人表達想法的空間和餘地⑳，如果他們說的話顯得言不由衷，女人甚至要試著替他們把眞正的想法說出來，而且不會因此「懲罰」他們。當男人比另一半更善於表達情緒時，男人也應該多多注意這些「眉角」。

簡而言之，我們應該時時自問：別人和我們的觀點可能有什麼不同？我們應該好好想想：對方心目中的優先順位和喜好是什麼？從以前到現在，我們跟對方的相處情形如何？當前這個情況的脈絡是什麼？花幾分鐘回答諸如此類的問題，事先想到另一方的觀點，便可省去事後數小時的長談，沒必要等到事發之後，才來補救一個本來可以避免的狀況。

處方三摘要

- **藥名**：採取別人的觀點
- **用法用量**：服下整副藥方，把它當成保健食品經常服用。這些技能的養成與精進都需要時間和練習，不要因為一開始不順利就氣餒。
- **主要療效**：重建和強化衰弱的人際關係肌肉群，改善人際互動，鞏固人際關係。
- **次要療效**：減輕情緒折磨。

處方四：加深情誼

同理心關係到設身處地了解別人的情緒經驗（emotional experience），然後有說服力地將我們的看法傳達給他們。不只是像觀點取替般採取他人的觀點，我們要尋求更深入的了解，才

⑳ J. Flora and C. Segrin, "Affect and behavioral involvement in spousal complaints and compliments," *Journal of Family Psychology* 14 (2000): 641-57.

能一窺別人眞正的感受。跟觀點取替這件事很像，我們常常高估了自己發揮同理心的能力。之所以如此，其中一個原因在於同理他人未必容易。你需要練成某種絕地心靈控制術❸，只不過不是去控制別人的心，而是要控制自己的心。我們尤其必須引導自己跳脫理所當然的想法，實際體會一下別人的感受，直到能夠領略別人的內在風景，再重新回到我們自己的立場上。

針對大學生所做的問卷調查發現，過去三十年來，大學生同理他人的能力大大衰退了[21]。這可能反映了一個更廣泛的社會現象，不僅限於大學生而已。在發揮同理心和觀點取替的技巧時，我們都不妨更敏感一點。舉例而言，奧邦為他太太布蘭卡買了鮮花和卡片當情人節禮物，他本來不了解爲什麼她這麼氣他把禮物放在廚房流理台上。畢竟，他不只記得情人節（相對於前幾年完全不記得），而且就算回家還有一堆工作等著他，他還是花了時間，給太太買了禮物以示愛意。當我請奧邦從布蘭卡的立場去想這件事時，他很快就承認自己搞砸了，但他就是不明白爲什麼他的好意都不算數。

如何發揮同理心

要能體會別人的感受，唯一的辦法就是想像自己置身於他們的處境。不只是想像個一、兩秒而已，而是直到我們能用自己的情緒指南針，指出他們可能作何感受爲止。要能準確做到這一點，我們便需掌握他們內在風景的肌理，也就是導致當前境況的來龍去脈。舉例而言，我請奧邦想想布蘭卡期待情人節的心情——從他到家之後，到她在廚房流理台上發現鮮花和卡片爲止，這兩個小時當中，她可能歷經什麼心情的轉折。

「她看到我在書房工作。」奧邦苦思道：「但她沒看到禮物，因爲禮物放在廚房。」奧邦挑起眉毛，轉頭看著布蘭卡。「你以爲我又忘記情人節了！這就是爲什麼我跟你說晚安，你卻不理我。」

布蘭卡點點頭。我請奧邦繼續。「現在，有鑒於此，布蘭卡看到你在書房時有什麼反應？」

「她沒反應啊！」奧邦說：「她一定很不高興，但她什麼也沒說，因爲我在忙。」

「所以她體貼你。」我說。奧邦點點頭。「那麼，在她發現廚房裡的鮮花之前，她有什麼感覺？」

---

❸ 絕地心靈控制術（Jedi mind trick），典出《星際大戰》系列電影，為絕地大師用以控制小兵的心靈控制術。

㉑ S. H. Konrath, E. H. O'Brien, and C. Hsing, "Changes in dispositional empathy in American college students over time: A meta-analysis," *Personality and Social Psychology Review* 15 (2011): 180-98.

「她難過又失望，但她選擇體貼我。直到我忙完爲止，她都不打算跟我談這件事。」

「她忍了足足兩小時。」我指出癥結。「她難過失望了兩個小時，而你忙完就上床睡覺了。就在這時，她經過廚房。」

「看到流理台上的鮮花和卡片。」奧邦自己接口道：「然後……該死！」他轉頭對著布蘭卡說：「你一定覺得我不把這件事當一回事，否則我會親手送給你。」布蘭卡點點頭。「你努力壓下自己的失望，忍了一整晚，而我連花點時間親手把花送給你都做不到。」布蘭卡點點頭，深深嘆了一口氣。奧邦攬住她，她在他的懷抱中慢慢軟化下來。「我眞是個大混蛋。」奧邦對她耳語道：「你怎麼受得了我啊？」

「確實很難忍受。」布蘭卡匆匆一笑道。奧邦連忙答應彌補布蘭卡，他保證會帶她去吃遲來的情人節大餐。

我繼續跟奧邦和布蘭卡合作了幾個月。會談中，奧邦勤加鍛鍊他的同理心肌肉，他做得很好，但要打造人際關係肌肉群，並使出它們的全力，需要的不單單是一次的同理心訓練而已。奧邦持續練習運用同理心，他越是堅持不懈，他和布蘭卡之間就越和樂。久而久之，經過很多的努力，原本充滿壓力又關係疏遠的婚姻有了改變，他們雙方都覺得受到彼此的信任、支持與在乎。

改進自己同理他人的能力，會爲我們最重要的人際關係創造奇蹟。同理心傳達的關懷與體貼能帶動善意、情感與寬容的循環，而這一切能從根本上加深我們和配偶、家人或朋友的情誼。顯然，雙方若能同時加強自己的同理肌肉群，收到的效果會最好，但即使是單方面的努力，也能結出豐碩的成果。

由於這種能力需要熟練，所以在各種情況下、與不同的人相處時，我們都應多多鍛鍊自己的同理肌肉。爲了鍛鍊同理肌肉，我們則應找機會想想別人對未來的情況會有什麼感受、對過去已經發生的事情又有什麼感受。切記以下幾點：

- **想像自己置身於對方的處境中**。要了解別人的情緒經驗，最好的辦法就是盡可能用身歷其境的方式，想像自己處在同樣的境地裡。注意觀察周遭的環境、當下還有誰在那裡、當時的時間、這個人的心情，以及這個人可能有的任何痛苦或不適。想像你給這個人的感覺——不是你自己覺得怎麼樣，而是你讓對方覺得怎麼樣。切記在許多情況中，我們的感覺都很矛盾。舉例而言，當布蘭卡發現廚房流理台上的鮮花時，她可能很高興奧邦費了心思，即使她同時也有受傷、失望和憤怒的感覺，因爲他做得很敷衍。
- **脈絡是關鍵**。要了解別人的感受，你至少要對他當下的心境有個粗略的概念。你或許要想想下列的問題：這個人之前有什麼類似的經驗？他對這種情況可能有什麼恐懼、懷疑、希望或預期？當下他的人生中是不是有發生別的事情？那天截至當時爲止他都過得如何？他的反應會不會是受到其他人際關係的影響？

・**審愼傳達你的看法**。如果我們能用有說服力又將心比心的方式，讓對方知道我們懂他的心情，了解別人的感受才有意義。知道別人的感受卻溝通不當，就像買花送人卻把花丟在流理台上。盡量把你的意思表達清楚。對方越是感受到你很努力在了解他了，你基於同理心所做的溝通才會越有效。

處方四摘要

・**藥名**：加深情誼

・**用法用量**：服下整副藥方，把它當成保健食品經常服用。這些技能的養成與精進都需要時間和練習，不要因為一開始不順利就氣餒。

・**主要療效**：重建和增強虛弱無力的人際關係肌肉群，改善人際互動，鞏固人際關係。

・**次要療效**：減輕情緒折磨。

處方五：爲建立社會連結創造機會

無論是要開創社交參與的新機會或善用既有的機會，孤單寂寞都會讓我們裹足不前。我們對出席社交場合感到不自在（尤其是有太多生面孔的場合）。我們討厭一個人出遊。我們不願報名新的活動或社團，因爲我們很怕要自己一個人去。我們可能會看到周遭有一些社交活動的選擇，但我們怕招來自己亟欲擺脫的汙名，在活動現場給人「邊緣人」或「孤僻鬼」的印象。

要克服既期待又怕受傷害的感覺，不再裹足不前，並避免被貼上孤僻的標籤，最好的辦法就是懷著一個更大的目標去參與活動。舉例而言，參加閃電約會（speed-dating）的活動時，如果當成自己是爲了寫部落格文或校刊報導才去的，感覺就會輕鬆自在得多。如果我們是業餘攝影玩家或藝術家，以拍攝或繪製一系列作品集爲目標，到參觀地點去畫畫、素描或拍照，在報名單身旅遊團時就不會有那麼多顧慮。還有，如果是爲了參加鐵人三項訓練自己，我們就會覺得加入游泳社、單車隊或跑友社沒那麼難。

抱著別的目標，我們給人的印象就不會是一個孤僻鬼，而是一個對自己的嗜好充滿熱忱、矢志實現夢想或認眞看待創作事業的人。懷著一個更大的目標也有助於減輕不安和不自在的感覺，因爲我們把注意力放在手邊的任務、記錄閃電約會的實況、爲作品集做出藝術品或完成鐵人三項上。

上網

網路讓我們在家就能和志同道合的人搭上線㉒。網路也讓我們能用不同的身分和人互動，藉由日常生活中做不到的方式表現自己。舉例而言，「第二人生」（secondlife.com）就是一個三D虛擬世界，玩家可用自己選擇的數位身分與彼此互動。你可以轉換自己的性別、選擇自己的年齡、決定自己的外貌，也可以賦予自己各種其他的特徵和能力。「第二人生」涵蓋的互動形式應有盡有，從聊天到虛擬性愛、從生意往來到興建家園不等，玩家表示他們可以在上面交朋友、談戀愛，建立有意義的人際關係。

從網路上不僅可以開始實質的交往和友誼，而且常常還能轉爲眞人互動。舉例而言，近來一項研究就發現，網路交友現在是第二普遍的單身聯誼方式（僅次於透過共同的朋友介紹），超越了舊有的交友管道，例如泡酒吧、泡夜店，或星期天下午在超市的生鮮蔬果區偶遇㉓。

當志工

另一個拓展人際圈的辦法是當志工。助人能減輕孤獨感、增進自我價值感，並讓我們覺得自己更受他人需要。助人可以帶來更多的幸福感和更大的生活滿足感，也可以減輕我們對於認識新朋友（或跟任何人接觸）的恐懼與猶豫㉔。一旦出發點是「施」而不是「受」，我們就能把焦點放在有需要的人身上，而不是放在自己身上。如此一來，我們就能少一點不安和彆扭，也不會那麼怕受傷了。

處方五摘要

- **藥名**：為建立社會連結創造機會
- **用法用量**：有需要時服下整副藥方，必要時重複服用。
- **主要療效**：減輕情緒折磨，增加與人互動的機會。
- **次要療效**：強化虛弱無力的人際關係肌肉群。

㉒ T. Fokkema and K. Knipscheer, "Escape loneliness by going digital: A quantitative and qualitative evaluation of a Dutch experiment in using ECT to overcome loneliness among older adults," *Aging and Mental Health* 11 (2007): 496-504.

㉓ E. J. Finkel, P. W. Eastwick, B. R. Karney, H. T. Reis, and S. Sprecher, "Online dating: A critical analysis from the perspective of psychological science," *Psychological Science in the Public Interest* 13 (2012): 3-66.

㉔ M. Cattan, N. Kime, and M. Bagnall, " The use of telephone befriending in low level support for socially isolated older people–an evaluation," *Health and Social Care in the Community* 19 (2011): 198-206.

處方六：領養人類最好的朋友

在某些情況下，我們可能因爲種種因素而無法建立新的社會連結或加強既有的人際關係。行動不便的人、地理位置孤立的人、或因各種原因無法接觸外界的人，常常就藉由認養寵物來緩和孤單的感受。對處境孤立、年邁、有重大疾病或有創傷後壓力症候群等心理創傷的人來講，狗狗是緩和孤寂感的最佳良伴。狗狗也是很棒的人緣磁鐵，許多友誼和戀情就從一句「哇，你的狗狗好可愛唷！牠叫什麼名字？」開始。

爲了證明我們的狗朋友獨一無二的療癒力，一項研究讓受試者和一隻狗獨處，或和另一個人及一隻狗共處。跟狗狗獨處者表示自己的孤獨感大大減輕，更甚於那些和別人共享狗狗陪伴的人㉕。如果知道他們還不如一個喝馬桶水、在自己身上舔來舔去的小傢伙，此項研究中的「別人」會作何感想？這就不得而知了。

儘管狗狗療法有許多好處，領養任何寵物（尤其是狗）都是很大的責任，有些人因爲現實因素承擔不起這種責任。針對貓咪的研究比狗狗來得少，但牠們也能提供重要的陪伴，而且貓咪比狗狗容易照顧，尤其是對只能待在家裡的人來說。

處方六摘要

- **藥名**：領養人類最好的朋友
- **用法用量**：按照個人的需求，並視情況許可服用。
- **療效**：減輕情緒折磨。

何時諮詢心理衛生專業人士

用本章探討的情緒緊急自救術來救治孤單寂寞，應有助於舒緩孤獨的處境帶來的情緒折磨、改正那些對加深情誼和拓展人際圈有害的認知與行爲，並爲人際互動提供新的機會。

㉕ M. R. Banks and W. A. Banks, "The effects of group and individual animal-assisted therapy on loneliness in residents of long-term care facilities," *Anthrozoos* 18 (2005): 396-408; interview with the study's author: http://www.slu .edu/readstory/more/6391.

然而，如果你的情緒痛苦到有傷害自己或他人的念頭，如果你發覺自己有「如果我再也不在了會怎樣」的想法，那麼你就應該立刻尋求心理衛生專業人士的協助，或就近到醫療院所求診。如果你並未產生傷害自己的念頭，但你絕望或氣餒到無力採取這些緊急自救措施，又或者你已經試過了但沒有用，心理衛生專業人士可協助你評估造成阻礙的因素，並爲你提供走出困境所需的情感支持。

3

失去與創傷

情緒骨折負傷前行

失去與創傷是人生無可避免的一部分，後續效應往往帶有強大的破壞力。喪親、成爲暴力事件或刑事案件的受害者、傷殘失能、罹患慢性病或致命重症、受到恐怖攻擊或戰爭的蹂躪，抑或是歷經其他性命飽受威脅、心靈飽受傷害的遭遇，都可能使我們的生活脫序，並留下深深的心理創傷。治療諸如此類的創傷，通常需要長期的調適與復原，病程因人而異。就像斷掉的骨頭要對準位置接回去，在失去重要的人事物或身心受創之後，如何重新把生命拼湊起來對能否完全康復的影響甚鉅。

有些失去和創傷太沉重，需要心理衛生專業人士的技能，而且可能需要長期的心理治療。確切來說，本章不是針對這些遭受極度重擊的狀況，深陷此種困境的讀者如果尚未尋求專業協助，強烈建議您向訓練有素的心理健康專家求助。

然而，人生中遭逢的許多失去與創傷，並沒有嚴重到造成心理或情緒上久病不起的地步。舉例而言，面臨失業、最好的朋友在激烈爭吵後和我們絕交、年邁的祖父過世等情況，我們會有一段傷心難過的調適期，但我們的心理和情緒通常會回到先前的健康水準。只不過，同樣的狀況對不同的人可能有不同的主觀意義。舉例來說，如果失業導致我們全家無家可歸，如果這位最好的朋友就是我們唯一的朋友，或如果我們是爺爺帶大的且他的身體向來很硬朗，我們所蒙受的損失和人生遭到的衝擊，規模恐怕就可觀得多。

無論在因應失去與創傷時表現出什麼差異，說到重建人生、在情緒和心理上完全恢復過來，我們全都面臨類似的挑戰。我們要將心理上的骨折重新歸位，把破碎的人生天衣無縫地拼回去，成爲一個功能完善的整體。在某些情況中，掃除失去與創傷留下的心理陰霾，不僅能加速我們的復原，也有可能讓我們從這些經驗中浴火重生，爲我們人生中的優先順位帶來有意義的改變，讓我們更懂得珍惜現有的人際關係，也讓我們活得更有目標、生活滿足度更高，此所謂「創傷後成長」（**post-traumatic growth**）①。

在失去與創傷過後，我們的情緒是變得更健康或更脆弱，取決於許多我們不可控制的變數，例如事件的嚴重程度、我們本身的心理素質，以及我們先前經歷過的苦難。但也有些變數是我們可以控制的。爲能善用本章的情緒緊急自救術，對於失去與創傷造成的心理衝擊，以及這些衝擊對心理和情緒健康構成的挑戰，我們要有清楚的認識。

---

① R. G. Tedeschi and L. G. Calhoun, "Posttraumatic growth: Conceptual foundations and empirical evidence," *Psychological Inquiry* 15 (2004):1-18.

失去與創傷造成的心理衝擊

除了嚴重的情緒困擾，除了事後我們在現實生活中必須面對的改變，失去與創傷也會造成數種心理衝擊，每一種都代表了一組需要重新歸位的骨骼。首先，失去與創傷在生活中製造的混亂，可能危及我們的自我認知、我們的角色，乃至於我們最根本的身分認同。其次，我們對這個世界及自身定位的基本假設，往往會受到悲劇事件的挑戰，導致我們很難理解這些事件，或難以將這些事件融入到個人信念體系的大框架之下。第三，在悲劇過後，許多人會覺得很難維持舊有的人際關係和活動，以前覺得有意義的人事物，現在不再覺得有意義。我們甚至會覺得重拾自己的生活就形同背叛了逝者，或形同給自己內心的痛苦打了折扣。

歷經失去與創傷，人都會有悲痛的情緒，但上述心理衝擊的嚴重程度則因人而異。有些人可能傷得很輕微，有些人卻覺得生活深受影響，影響所及長達數年，甚至數十年之久。接下來，我們就來逐一檢視這幾種狀況。

1. 生活大亂：排山倒海而來的情緒困擾

失去或創傷過後，在剛開始的日子裡，我們的情緒可能惡劣到生活全面癱瘓的地步。我們可能喪失清晰思考的能力，或者就連最基本的照顧自己都做不到，例如不吃不喝不洗澡。

生活中的點點滴滴都跟以前不一樣了，我們悲痛地歷經一連串撕心裂肺的「第一次」——沒有逝者相伴的第一餐、受暴後第一個獨自度過的夜晚、人生天翻地覆之後第一次看著鏡中的自己……。一個接一個沒完沒了的「第一次」，可能一連數週或數月不斷朝我們襲來——和另一半分居後第一次上超市，沒有要買他或她最愛吃的東西；失業後的第一個聖誕節，沒錢買禮物給孩子；父母剛過世後的第一個感恩節……。

每一個「第一次」都勾起回憶與悲痛的情緒，也勾起我們對逝者深深的渴望。我們可能變得很難去關心周遭的人事物。墜入絕望的深淵中，我們的心情可能比重鬱症患者還黑暗。然而，悲傷不是一種情緒障礙，而是人對極端狀況的正常心理反應。不管一開始是多麼痛徹心扉，這份痛楚總會隨著時間淡化。當我們開始接受現實，當我們開始消化這次的失去或創傷，那份椎心之痛就會漸漸減輕，即使只是減輕一點點而已。

「時間」確實是良藥。復原時間的長短，顯然要看這次失去或創傷的本質，以及這件事對我們的生活有什麼主客觀影響而定，但我們一般都會在半年內度過最悲痛、最難適應的階段②。

---

② J. M. Holland, J. M. Currier, and R. A. Neimeyer, "Meaning reconstruction in the first two years of bereavement: The role of sense-making and benefit-finding," *Omega* 53 (2006): 175-91.

如果那份悲痛沒有過去，不管是因爲我們受到的損失或傷害太重，還是因爲情況不允許我們走完療癒和復原應有的歷程，這件事就有可能影響到我們對自己的定義。我們最獨特的個人特質有可能不復存在或被悲傷掩蓋，就連我們自己都再也看不見這些特質了。我們的興趣、創意、喜悅和熱情，可能全都被憂傷、痛苦及我們對過去永無止境的反芻遮蔽。我們的生活名副其實地陷入一團混亂。

2. 身分認同崩壞：失去與創傷如何挑戰我們的角色與自我定義？

葛蘭本來是一位前途看好的業務員。沒在東奔西走的時候，他愛跟朋友們打打籃球。一個冬夜裡，葛蘭和兩位同事在漫長的出差過後開車到機場，路面積雪結冰，導致他們的車子失控打滑。葛蘭當時正在後座中間的位置打瞌睡。

「我整個人直接衝出擋風玻璃，摔在地上失去意識。幾分鐘後，我張開眼睛醒了過來，只見其中一位同事倒在我正前方，死了。我試著起身，但卻站不起來。我低下頭，看到自己渾身是血，我的腳……我的兩隻腳都不見了。」葛蘭用力吞了一口口水。那是我們的第一次會談，從他的表情看來，葛蘭不常把這件事掛在嘴邊。

「接下來，我記得的就是醫院和手術，很多、很多的手術。」葛蘭有一年多的時間輾轉在各大醫院度過，醫生們治療他的重大傷殘，並爲他展開漫長的密集復健。他也接受心理治療。葛蘭支離破碎的身軀慢慢康復，但他的心還是千瘡百孔。

「數不清有多少次，我但願自己那天晚上死掉算了。死了還比較輕鬆。大家想來探望我，但想到要見任何人，我都受不了。想到要看著自己，我也受不了。事情過去六年了，我還是沒辦法照鏡子。偶然瞥見自己的身影，我看到的就是一個陌生人。以前的我在那天夜裡已經死了。這個陌生人、這個殘缺不全的瘸子，不是我！」

我很心疼葛蘭，不僅心疼他在肢體上受到的駭人外傷，也心疼他過了六年內心還是那麼痛苦。那次失去與創傷在他心裡留下的陰霾還是那麼重。他的心理骨折未曾準確歸位，後果就是他從未適應劫後的現實。

失去與創傷往往會迫使我們面臨新的現實狀況，依據事件的嚴重程度，我們可能要整個重新定義自己的身分認同，乃至於全盤改寫自己的人生故事。在那次車禍之前，葛蘭用「拚事業」、「個性外向」和「運動健將」定義自己，如今這三個自我認同的支柱都垮了，再也無法爲他的人生發揮任何作用。葛蘭亟需重新定義自己的身分認同、重拾被悲痛埋葬的人格特質，並決定他未來的人生能怎麼過。

重新定義自我和個人身分認同的挑戰，伴隨著許多失去與創傷的遭遇而來③。我們可能用工作定義自己，後來卻失業了。我們可能用伴侶關係定義自己，結果卻失去了伴侶。我們可能用體育技能定義自己，不料卻失去健康。我們也可能用親職定義自己，但最終連最小的孩子都長大離家了。在這些情況下，我們都需要時間重新找到自我、向內探尋有意義的事物，並找到新的辦法表現出自己蟄伏的一面，讓深埋在悲痛之下的自我嶄露頭角。否則我們內心就會空虛得可怕，而這份空虛只會帶來更大的失落感，瓦解我們最基本的自我感受，讓我們在自我懷疑和自我厭惡的驚濤駭浪中漂泊不定。

3. 信念崩毀：失去和創傷為什麼會挑戰我們的處世觀念？

身而爲人，爲人生中的經驗賦予合理的解釋，是我們最情不自禁的衝動之一。對於這個世界是如何運作的，每個人都有自己的一套理解方式（即使是無意識、不自覺的），而我們就透過這副眼光看待人生多數的經驗。我們對這個世界的信念與假設，不僅左右了我們的行動和決定，而且往往賦予我們目標感與意義感。有人可能認爲人生中的一切都是「神的旨意」，有人則相信「種什麼因、得什麼果」。有人可能相信「一切都是有道理的」，有人則相信「一切純屬偶然」。有人覺得這個世界大致上是公平的，有人則抱持恰恰相反的意見。有人相信人生大致上是可預測的，有人卻深信所有事情都是隨機發生的。

無論我們對諸如此類的事情有什麼想法和見解，失去與創傷都會挑戰我們對這個世界及其如何運作的基本假設，導致我們因此冒出更多嚴重的情緒困擾④。我們無法理解事情怎麼會這樣，再加上事發當下的震驚，使得我們亟欲將前所未見的現實狀況融入到既有的基礎信念體系中。曾經給我們安全感的基礎信念體系，如今不再能給我們安全感了。說真的，這種「信念危機」很常見。我們被各種問題與懷疑淹沒，常常因此踏上尋求解答的征途。

對於求解的強烈需求，可能會讓我們不斷反芻事情的來龍去脈，苦思發生這件事的原因和可能的防範之道。我們可能會細細分析一千個微小的決定和片刻，覺得如果改變了某一個小地方，我們就不會落入今天這種痛苦的境地。二〇〇一年九一一事件期間及其後，身為一位在紐

③ R. A. Neimeyer, "Restorying loss: Fostering growth in the posttraumatic narrative," in *Handbook of Posttraumatic Growth: Research and Practice*, edited by L. Calhoun and R. Tedeschi (Mahwah, NJ: Lawrence Erlbaum, 2006), 68-80.

④ R. Janoff-Bulman and C. M. Frantz, "The impact of trauma on meaning: From meaningless world to meaningful life," in *The Transformation of Meaning in Psychological Therapies: Integrating Theory and Practice*, edited by M. Power and C. R. Brewin (Sussex, England: Wiley, 1997), 91-106.

約市工作的心理師，我聽過個案表達許多諸如此類的「要是」：「要是晚幾分鐘出門，她就搭不上車。飛機撞上大樓時，她也就不在她的辦公桌前了。」「要是他沒有搬到波士頓，他就不會在那班飛機上了。」「要是我沒停下腳步抬頭看，掉落的殘骸就不會擊中我了。」在那恐怖的一天過後，這些例子代表了許多人共有的想法和反芻心理。

爲了理解發生在自己身上的事情，事後我們往往會一直糾結在這些「要是」上頭，時間可能長達幾個月。許多人在事隔半年內就能對發生的悲劇有一套解釋，但也有許多人甚至多年以後都無法釋懷。然而，我們越快重建自己的處世觀念，越快把遭逢失去或創傷的經驗融入自己的信念體系裡，反芻的頻率和強度就會越快減少和削弱，我們的心理就會調適得越好，越不會有情緒失調和創傷後壓力症候群的症狀⑤。

4. 人際關係斷裂：為什麼我們很難和留下來的人維持關係？

爲了面對日漸逼近的五十歲生日，梅可欣來做心理諮商。十年前，她曾答應先夫科爾特，兩人要一起飛到非洲參加遊獵團，慶祝五十歲的里程碑。儘管科爾特多年來多次懇求，梅可欣還是從沒出國過。「我們約定的是十年後的事，但我可不是隨口答應下來。」她表示：「我是認真要信守承諾。」

就在她滿四十歲幾個月後，科爾特開始有嚴重的頭痛。「他們幫他做了一個又一個檢查，但還是查不出原因。」梅可欣回憶道：「後來他們給他做了腦部掃描。醫生告訴我們說他腦部有腫瘤。他們會盡量把他的腫瘤切乾淨，但基本上，他們預計他頂多再活三年。一連幾天夜裡，我們倆都哭著睡著。科爾特很怕動手術。他知道手術過程有太多可能出錯的地方。就在他們把他推進手術室之前，我答應手術後只要他一恢復，我們就去非洲遊獵。而且不管我們兩個還能在一起多久，剩下的日子都要盡量多去旅行。那是他幾星期以來第一次露出笑容。」

梅可欣停下來，擦擦眼淚。「兩小時後，他就死在手術台上了。」她顫抖著手、涕泗縱橫地說：「我想他……我好想他！我還是每天都跟他說話：下班回到家時、早上起床時。我知道這聽起來很誇張，但我還是每星期做一頓他最愛的晚餐。這是我的一種慰藉，讓我覺得不那麼孤單。」梅可欣收拾一下情緒，繼續說道：「我之所以來這裡，是因為六個月後就是我的五十歲生日……而我不知如何是好。一方面，我覺得自己還是應該實現諾言去參加遊獵團，但另一方面，科爾特已經不在了，要我一個人去做這件事，我不知道自己受不受得了。」

梅可欣和科爾特沒有子嗣，但他們熱愛露營與戶外活動，享有活躍的社交生活。然而，打

⑤出處同前。

從科爾特過世後，梅可欣這些年來已和他們多數的老友失去聯絡，而且她已完全放棄露營、爬山這些活動了。她的人際圈除了一位住在美國西岸的姊姊，就只剩幾位工作上的泛泛之交，他們每隔幾個月會聚餐一次。我問她有沒有想過要再交男朋友，她立刻就否決了這種想法，說她覺得這麼做就像背叛了科爾特。

有許多人在喪偶後的反應都是縮回自己的世界裡，執著於已逝的那個人，在心裡和對方說話，想像他們對我們的日常大小事會有什麼想法和反應。然而，這個階段通常是暫時的。漸漸地，我們放下了失去的那個人，繼續自己的人生，或許重拾故交、參與以前爲我們豐富了生活的活動，或許認識新朋友、找到新嗜好，把我們的情緒和精力投入在新的人事物上。但也有些人就困在過去，逝者的鮮明形象始終縈繞不去。我們抓著那個人的記憶不放，持續把自己的情感資源投入在逝者身上，而非生者身上。

再舉一個例子。尙恩是我在二〇〇一年夏秋輔導過的一個年輕人，他的表哥是消防隊員。在世貿北塔坍塌時，這位消防員表哥因公殉職了。對尙恩來講，他不僅失去了表哥，也失去了最好的朋友。接下來幾個月，尙恩變得對世貿雙塔本身很執迷。所有閒暇的時間，他都用來看有關世貿建造過程的電影和紀錄片，讀遍他能找到的相關歷史資料，研究這兩棟建築在維修和營運等各方面的事宜。同時，他也迴避他們的家族成員，拒絕出席團聚的場合，不跟任何最能和他分攤這份喪親之痛的人接觸。

在悲劇過後，這種應對機制是很合理的反應，但如果持續太久，我們就可能像尙恩和梅可欣一樣，深陷過去無法自拔。在許多案例中，這種沉湎於過去的習慣代表我們的哀悼功能失靈了。我們沒把斷掉的骨頭接回去，慢慢恢復過來，重新定義自己，展開新生活，而是一直在回憶中載浮載沉，緊抓不復存在的東西，卻不去把握依舊擁有的東西。若不加以處理，這種模式可能延續數年、甚至數十年之久，使我們的人生停滯不前，使我們的未來被這次的失去與創傷綁架，而我們自己則已經被那份傷痛給定義了。

掃除失去與創傷心理陰霾的三帖處方和使用原則

失去與創傷不僅會粉碎我們的生活、破壞我們的人際關係，還會顚覆我們最基本的身分認同。爲了將碎片拼回去、將斷掉的骨頭重新歸位，我們首先要平復事發後第一時間排山倒海而來的情緒。本章開出的處方雖然幫得上忙，但如果你的悲痛太深，幾年過去都還無法平復，或如果你有創傷後壓力症候群的症狀，例如無預警閃現的回憶、做噩夢、情緒麻痺或神經過敏、焦躁不安，則應尋求訓練有素的心理衛生專業人員的諮商輔導。現在，讓我們打開心理急救箱，看看有哪些治療的選項。

失去與創傷對心理造成的影響有四種，一是讓我們的情緒萬分痛苦，二是侵蝕我們基本的自我認同感、危及我們在人生中扮演的角色，三是動搖我們的信念體系和處世觀念，四是挑戰我們活在當下和維繫人際關係的能力。

本單元開出的三帖處方，大致按照悲劇過後心理調適與復原的順序排列。處方一（緩和情緒痛苦）說明如何處理情緒痛苦，並探討造成復原進度延宕的常見謬誤。處方二（找回失落的自我）著重於重拾遺落的往日生活，以及重新建立自我認同感；唯有當我們在家、在校或在職場上回歸常軌了，才適合服用此一處方。處方三（從悲劇中找出意義）著重於理解悲劇事件，朝「從中找出意義」、甚而「從中有所收穫」的目標邁進。一開始，我們先對處方三有個認識就好，等到情緒痛苦淡化了、感覺自己夠堅強了，再來服用此一處方。

如果你覺得本章的練習和療法做起來都太痛苦了，痛苦到你沒辦法完成任何一項，那麼請參閱本章結尾有關何時尋求心理衛生專業人士協助的段落。

處方一：順著自己的方式緩和情緒痛苦

二〇〇一年九一一事件期間及其後，我在紐約市工作，發現絕大多數我所輔導的個案，乃至於多數的心理衛生專業人士，多少都受到了此次悲劇的影響。在我輔導的個案當中，有一位在飛機撞擊南塔時喪生了，有幾位在攻擊事件中受傷，有幾位的房子在雙塔倒塌時被壓毀，還有幾位失去了親近的朋友或家人。我的個案有好多位都花了幾星期消化他們的傷痛，但在會談過程中，也有些受攻擊事件影響最深的個案反而選擇絕口不提他們的遭遇。舉例而言，一名被掉落殘骸砸傷的年輕男子，就明白表示他寧可再也不要去回想那天發生在他身上的事。

許多人都認爲「說出來」很重要，當事人在創傷事件過後一定要找人聊聊，以求降低心理併發症的風險，但事實並非如此。近來的確已有一波研究證實，關於如何因應失去與創傷，許多我們奉爲圭臬的觀念基本上並不正確，例如著名的悲傷五階段（否認、憤怒、追悔、憂鬱和接納）理論⑥；許多的民間智慧也不正確，例如將內心感受表達出來很重要、什麼都憋在心裡很危險。

舉例而言，聯邦緊急事務管理署（Federal Emergency Management Agency）和美國軍方都會採用一種叫做「危機事件回顧陳述法」（critical incident stress debriefing）的技術，做法是要當事人在事後盡快細談整起事件。這種回顧陳述法所假設的前提是，將事發經過和內心感受說

⑥ J. M. Holland and R. A. Neimeyer, "An examination of stage theory of grief among individuals bereaved by natural and violent causes: A meaning-oriented contribution," *Omega* 61 (2010): 103-20.

出來可降低創傷後壓力症候群的發病率。然而，當今學界對記憶（包括創傷記憶）是如何在腦中成形的已有更多認識。確切說來，光是回想一件事，就會在一些小地方竄改實際的記憶⑦。在情緒還很強烈時回想創傷事件，只會讓我們在不經意間強化了「這一段記憶」和「強烈的情緒反應」兩者間的關聯。如此一來，我們甚至更難脫離當下的情緒，以至於到了日後，這段回憶還是持續激起強烈的情緒反應。結果，這種做法反而更有可能導致鮮明的回憶反覆重現，也使得創傷回憶本身的情緒色彩更重、心理糾結更深。

然而，這並不是說我們就該設法壓抑或拒談這些回憶。說眞的，當今多數專家都認爲，悲劇過後並沒有一個「正確」的因應方式⑧。面對諸如此類的遭遇，我們能做的就是順著個人的意願、個性和處世觀念去因應。如果你想找人聊，那就找人聊。如果不想跟人說你的想法和感受，那就不該勉強自己這麼做。舉例來說，由於我那位被掉落殘骸擊中的個案不願回想這件事，那麼以他而言，選擇不要去談就是正確的做法。確實也有證據顯示，天生就不那麼愛談創傷經驗的人，有可能從這種避談個人想法和感受的天性中獲益。

有一項追蹤了兩千多人的線上研究，剛好就是從二〇〇一年八月開始。九一一的悲劇一發生，研究人員就發現他們冒出一堆隨手可得的受試樣本。他們決定讓實驗參與者自由選擇，看當事人自己要不要在研究網站上貼出對這起事件的所思所感。結果四分之三的受試者選擇上網傾訴，四分之一的受試者則選擇不要這麼做。研究人員持續追蹤了兩年，並得以檢視受試者長期下來的情緒狀況。兩年過後，以地理位置最接近事發地點的人來說，選擇「不要」上網傾訴的人，創傷後壓力症候群的症狀比上網傾訴的人來得少。更有甚者，上網傾訴的人寫得越多（亦即貼文越長），他們在兩年後的復原狀況就越差⑨。

這些研究結果，絕不代表我們再怎麼想談也該避談內心的感受。悲劇事件過後，我們的最佳因應之道就是順從己意。想要向人傾訴的人不妨找人傾訴，無意多談的人則大可不談。

順從己意或許是明智的做法，但有時我們未必做得到。想傾訴的人可能找不到傾訴對象，寧可不談的人可能發現處處都是觸景傷情的人事物。九一一事件過後，受到影響的人簡直無法不去回想自身遭遇，因爲到處都是令人想起這件悲劇的情景。事發後好幾個月，只要走上曼哈頓街頭，一定就會看到遭受恐怖攻擊的痕跡：毀壞的建築物，漫天的塵埃，物體燃燒的惡臭，

---

⑦ Jonah Lehrer's article from February 2012 in *Wired*: http://www.wired.com/magazine/2012/02/ _forgettingpill/all/1.

⑧ M. D. Seery, R. C. Silver, E. A. Holman, W. A. Ence, and T. Q. Chu, "Expressing thoughts and feelings following a collective trauma: Immediate responses to 9/11 predict negative outcomes in a national sample," *Journal of Consulting and Clinical Psychology* 76 (2008): 657-67.

⑨ 出處同前。

還有牆上、公車站和路牌上張貼的尋人啓事，觸目所及盡是一張張失蹤親人的照片，連同詢問他們下落的揪心懇求。

當時，我的個案竭盡所能避開這些觸景傷情的人事物。搭地鐵時，他就埋首看雜誌。上班時，他就避開茶水間的閒聊。他也讓親朋好友知道，只要在他面前就不要談這個話題。我們到底想不想談，確實最好是讓周圍的人明白，如此一來，他們才知道在我們身邊怎麼做才好。

對於想要傾訴的人來講，傾訴有助於接受現實。誠然，許多圍繞著悼念展開的宗教儀式，目的就在於此。舉例而言，猶太教的坐七（shivah）和愛爾蘭習俗中的守靈，都包含親友爲逝者齊聚一堂，在社會支持和情感支持的資源（更別提豐盛的美酒佳餚）包圍下，傾訴個人的感受、想法和回憶。

如果欠缺社會支持的資源，或如果寧可用寫的來傾訴，那麼我們也可以寫下自己的遭遇，或是寫信給我們失去的人。把對方過世前來不及訴說的想法和感受表達出來，不僅可以給我們安慰，甚至也可以當成一個了結這件事的辦法。

在剛失去或剛受創之後，無論我們一開始選擇用什麼方式緩和情緒上的痛苦，最有效（而且人人可得）的良方就是時間。

處方一摘要

・**藥名**：順著自己的方式緩和情緒痛苦
・**用法用量**：事發過後盡快服用。關於要不要去談這段遭遇和心裡的感受，務必向周遭旁人表明你的個人偏好。
・**療效**：管理及減輕情緒痛苦。

處方二：找回失落的自我

腦瘤奪走深愛的丈夫科爾特時，梅可欣也失去了絕大部分的自我。科爾特過世後，她的人生和他在世時截然不同。她和科爾特本來相當活躍，享有蓬勃的社交圈，常去爬山露營，與好友們共度了無數個夜晚。但自從科爾特過世後，梅可欣就不再參與這一切，於是她連帶失去了曾經占據人生很大部分的朋友和活動。

在事發後最初的幾星期到幾個月，許多人都有逃避與逝者相關的地方或活動的傾向。但若是長期逃避下去，導致我們斷絕掉人生當中很重要的部分，那就是一個問題了。梅可欣喪失了許多定義她這個人的經驗與人際關係，她的自我也因此失去了很重要的部分。放棄這麼多別具意義的角色與作用，改變了她最根本的自我認同感，而她所失去的東西始終沒有別的東西來取代。她沒有找到新的興趣和愛好來充實自己。她的新朋友少之又少。喪夫在她人生中留下的空白，還是跟將近十年前一樣大片。

不管是重拾往日的活動和人際關係，還是找到新的重心，梅可欣亟需填補這片空白。許多人都面臨類似的挑戰。在改變了一切的悲劇事件過後，我們就懷著一份空虛和殘缺的感覺度日，甚至就這樣過了好幾年。

情緒自救練習5

找回遺失的自我

接下來的寫作練習透過找到新的表達方式，尋回你可能遺失了的自我認同，重拾你可能已經放棄、但對你而言別具意義的角色。為了舉例說明，我將梅可欣對每個問題的回應也囊括進去。

警語：如果事情才剛發生，你還是哀痛欲絕、悲憤不已，情緒的強度絲毫沒有減輕，請不用勉強自己完成此項練習，直到你自認在心理上已經準備好為止。

1. 列出事發之前在你自己或別人眼裡，你身上有哪些可貴的特質、特點和特長（目標是至少列出十項）。

以梅可欣為例，她列了用情專一、熱情奔放、富有冒險精神、好奇寶寶、冰雪聰明、領導者、户外活動愛好者、露營專家、營火晚會中的説故事高手、富有同理心、體貼入微、善於給人支持肯定、充滿熱忱、慈愛、關懷他人，以及善於溝通。

2. 上述事項有哪些最不符合現在的你，或有哪些特色現在表現得沒有以前那麼明顯？

梅可欣指出了以下幾點：富有冒險精神、領導者、户外活動愛好者、露營專家、説故事高手、體貼入微、充滿熱忱、慈愛，以及關懷他人。（請注意梅可欣所列事項圍繞著兩個喪夫前的生活重心：她對露營和戶外活動的愛好，以及她和志同道合的朋友圈緊密的關係。）

3. 針對你所列出的各項特點，寫一段簡短的說明，概述該項特點為什麼已不符合現在的你，或為什麼表現得沒有以前那麼明顯。

舉例而言，梅可欣寫下這段文字，說明她為什麼不再有冒險犯難的精神：「我從來沒把自己想成一個獨自闖蕩的探險家。對我來說，探險的重點在於和科爾特共享新奇的體驗。新奇的事物之所以刺激好玩，是因為有我們兩個人一起去嘗試。少了他，探險活動就好像不值得一試，甚至只是徒增傷感而已。」

4. 針對你所列的每一項特點，寫一個簡短的段落，說明有什麼人事物是你可以尋求的出口，透過這些人、活動或管道，你的特點可以比現在更加彰顯出來。

當我請梅可欣這麼做時，她很掙扎。沒有科爾特同甘苦、共患難，她就是想不出來要如何展現她的冒險精神。

「你是覺得我應該去參加遊獵團，重拾我的冒險精神，對吧？」語畢，她又很快補上一句：「可是我做不到，做不到就是做不到！」

「事實上，我沒這麼想欸。」我回應道：「我主張一步一步慢慢來，而遊獵團絕不只是一小步而已。事實上，你列的清單引起我注意的地方，在於你表示這些探險之旅是和科爾特共有的經驗。但不只科爾特呀，你們兩人都是一大群人當中的一分子。有一大群人跟你們有一樣的興趣和愛好。你還是可以跟他們一起冒險犯難，即使只是小小的冒險。所以，我是這樣想的——在這些一起去露營的老朋友當中，有誰是你願意一起去短程爬個郊山的？」

梅可欣呼了好大一口氣。顯然她一心以為我要逼她去參加遊獵團。如果只是和老朋友去近處爬個郊山，她就很樂意多聊一聊了。

葛蘭是另一個例子。在一場車禍中失去雙腿之前，他本來是個愛打籃球的運動健將。我指出籃球其實是很受輪椅族歡迎的一種體育活動，並建議他蒐集相關資訊，看看本地有沒有他能參與的業餘輪椅籃球賽。

5. 按照可行性和情緒可堪負荷的程度，為前述問題中列出的事項排出順序。

6. 以盡可能完成整份清單為目標，按照個人覺得最舒適的步調逐步完成。（請考量到個人的情緒狀況，每一個項目剛開始執行時，可能多少都會勾起不愉快的情緒。）藉由完成清單上的項目，你將逐漸重拾自己在生活中和個性上有意義、有價值的部分，從而走出過去、迎向未來。

處方二摘要

- 藥名：找回失落的自我
- 用法用量：生活一旦恢復正常（例如正常起居、正常上班或正常上課）就服用。
- 主要療效：重建個人自我認同中的重要部分，重拾斷掉的人際關係。
- 次要療效：減輕情緒折磨。

處方三：從悲劇中找出意義

要有效因應失去與創傷的經驗，從這些經驗中找出意義是一大關鍵——自從維克多・弗蘭克（Viktor Frankl）寫下《活出意義來》（*Man's Search for Meaning*）一書，這個觀點就廣受認可，後來也有諸多研究證實了此一假設。從脊髓損傷到喪子或喪女的父母，從受暴者和受虐者到前線戰場的退役軍人，在科學家研究過的每一種失去與創傷當中，找出意義都是復原過程不可或缺的一環⑩。要從悲劇經驗中平復過來，我們必須藉由賦予整起事件意義與重要性，把我們的遭遇織進生命故事的織錦裡，將骨頭對準位置接回去，將人生重新拼湊起來。

但對許多人來說，問題的癥結在於「如何做到」。我們可能知道有類似經驗的人最後得出「天意難違，我認了」、「身爲過來人，我可以用親身經驗去幫助跟我一樣的人」或「我想通了什麼對我而言才重要，並做出很大的改變」之類的結論，但這些心得感想並沒有告訴我們，這些人是如何想通的，或我們自己又要如何才能豁然開朗。

---

⑩ L. C. Park, "Making sense of the meaning literature: An integrative review of meaning making and its effects on adjustment to stressful life events," *Psychological Bulletin* 136 (2010): 257-301.

針對人如何從失去與創傷中找到意義，從事相關研究的科學家發現，找到意義的過程包含兩個不同的階段：合理釋義（sense making）和發現益處（benefit finding）⑪。「合理釋義」指的是我們能夠把發生的事件融入到既有的信念體系和處世觀念之中，如此一來，這些事件在我們的心目中才會變得比較有道理。通常我們在悲劇過後六個月內就能「開始」予以合理釋義，儘管「完成」這個過程有時可能需要好幾個月，甚至好幾年。但只要開始這麼做，我們在情緒上和心理上就有可能好過得多。

「發現益處」指的是我們竭力從烏雲背後看見一線光明的能力。我們或許會更懂得珍惜生命，更懂得欣賞自己的力量與韌性。我們可能會認清人生中的輕重緩急，並據以找出新的目標。在不同於以往的現實狀況中，我們可能會發現眼前新闢了一條蹊徑。唯有到了復原後期，我們才能開始發現益處。因爲在情緒還是萬分痛苦之時，多數人都不能也不該勉強這麼做。常言道，時間是良藥。一旦經過充分的時間，能夠從失去或創傷中發現益處的人，往往會比沒辦法這麼做的人復原得更好，前者在情緒上和心理上都表現得更健康。

如何從悲劇中找出意義

人從悲劇中獲取意義最常見的一種方式，就是採取和自己蒙受的損失或創傷直接相關的行動。罕見疾病病逝者的家屬或許會成立一個基金會，推動大眾認識奪走他們親人的罕見疾病。性侵或肢體暴力的倖存者可能決定打破沉默站出來，教育大眾如何避免類似的遭遇，或萬一碰到了該怎麼辦。在戰場上失去手腳的退伍軍人往往自願協助剛受傷的士兵調適心情、面對傷勢，並在漫長的復健過程中給他們支持鼓勵。許多在二〇〇一年九一一攻擊事件中喪親的人，後來就參與在紐約、華盛頓特區和賓州樹立紀念碑的計畫。當然，並非所有悲劇都會給我們諸如此類的選擇，這些選擇也不見得每個人都適用。

下述練習有助於找出新的思路，讓個人的探索更有成果。前兩項練習有助於「合理釋義」。一旦開始從最初的情緒衝擊中平復過來，我們才應投入第一項練習。第二項練習則應稍後一點，等我們情緒上做好準備，能夠去想那些可能令人很痛苦的「要是」再說。第三項練習促進「發現益處」。唯有當我們覺得自己好很多了、情緒上堅強多了，才應考慮第三項練習。下述練習如有任何一項感覺太痛苦，痛苦到你無法完成，那麼請參閱本章結尾有關何時尋求心理衛生專業建議的段落。

---

⑪ J. M. Holland, J. M. Currier, R. A. Neimeyer, "Meaning reconstruction in the first two years of bereavement: The role of sense-making and benefit-finding," *Omega* 53 (2006): 175-91.

悲劇事件合理釋義：問自己「爲何」，而不是「如何」

在事情剛發生之際，我們往往很難接受悲劇事件基本的現實狀況，以至於在腦海裡一遍遍反覆重播事情是「如何」發生的。舉例而言，梅可欣經常回想她和科爾特最後的談話。儘管這種反芻思維是很自然的反應，但如果一直持續下去，反芻就變成徒勞之舉，而且只會重新勾起情緒上的痛苦。重溫事發經過和重播類似場景，往往不會爲我們帶來新的領悟，對整起事件的合理釋義也沒有幫助。但只要扭轉這些反芻思維的一個重要面向，就比較有助於產生新的領悟，並促進合理釋義。

確切說來，有許多研究都證明了，相對於問自己事情是「如何」發生的，光是問自己事情「爲什麼」發生，就能爲我們的思路帶來本質上的不同和更豐碩的成果⑫。儘管這種問題很難回答，但若是不問「如何」、改問「爲何」，我們就能拓展自己的思考規模和聯想範圍，迫使自己去探究這件事在精神層面、存在層面或哲學層面上更大的涵義。這種更爲宏觀的思考過程，較有可能幫助我們適時從悲劇中找出意義，進而使內在更趨平靜。

喪夫將近十年後，梅可欣從來不曾問過自己科爾特「爲什麼」會死的大哉問。她也沒問過自己能不能從失去他獲取任何意義或目標。事實上，諸如此類的問題對梅可欣的思考模式而言太陌生了，當我第一次提出來時，她頓時顯得困惑不解、茫然無措。然而，一旦她能開始思考科爾特「爲什麼」會死的問題，她就發覺自己比較少花時間回想他生前最後幾星期至幾個月的點點滴滴了。就梅可欣而言，問自己「爲什麼」開闢了一條有意義的新思路，幫助她推動多年來停滯不前的哀悼過程。

悲劇事件合理釋義：問自己「有沒有別的可能」

事後初期另一個強迫性思維的特徵，就在於我們往往會一直想像不同的結果。我們不禁設想著「要是車禍身亡的人走的是另一條路呢？」或「要是攻擊我們的人挑別人下手呢？」之類的問題。有些人可能會覺得沿著「有沒有別的可能」的思路走下去，只會讓我們專注在事情的偶然性上頭，從而讓我們更難接受木已成舟的事實，但相關研究卻發現了相反的結果。揣測其他不同於事實的可能性（此所謂「違實思考」〔counter-factuals〕），非但不會勾起一切純屬偶

⑫ O. Ayduk and E. Kross, "From a distance: Implications of spontaneous self-distancing for adaptive self-reflection," *Journal of Personality and Social Psychology* 98 (2010): 809-29.

然的隨機感，反而還有助於我們相信這是注定好的、事情本該如此，從而賦予這些事情更大的意義⑬。

就跟問「爲何」而不問「如何」很像，違實思考迫使我們想得更抽象、把人生中各個不同的點連成線，並運用我們的分析能力，以更宏觀的視野看事情。對合理釋義的過程來講，這一切都是不可或缺的部分。僵化的觀點限制了我們宏觀看待人生的能力，像是違實思考這樣的練習則有助於跳脫僵化的觀點，得到全新的體會和見解。

人自然而然就會運用違實思考來探究自己有沒有可能趨吉避凶，但我們也能將自己的思路導向可能更壞的情況。有些專家主張，從悲劇中獲取意義最好的辦法就是融合兩種類型的違實思考（這同樣也要等心情充分平復才能進行），一方面設想如果沒有發生這件事，我們的人生會怎樣；一方面設想如果不是這樣，事情還有沒有可能更糟。

---

⑬ L. J. Kray, L. G. George, K. A. Liljenquist, A. D. Galinsky, P. E. Tetlock, and N. J. Roese, "From what *might* have been to what *must* have been: Counterfactual thinking creates meaning," *Journal of Personality and Social Psychology* 98 (2011): 106-18.

情緒自救練習6

違實思維練習：有沒有別的可能

警語：違實思維練習有可能造成情緒上的痛苦，請讀者知悉。先瀏覽一下練習內容，當你覺得情緒上準備好了再來完成它。再者，不相信命運或天意的人，從此項練習中獲得的益處可能不會像相信的人那麼多。所以，前者若是覺得這麼做沒幫助，或對情緒造成太大的困擾，那就不應勉強練習。針對準備好的人，此項練習最好一氣呵成。強烈建議你提筆寫下答案。

1. 如果沒發生這件事，你的人生會有什麼不同？
2. 這件事的結果有沒有可能比現況更糟？
3. 是什麼因素防止了更糟的情況發生？
4. 你有多感激情況沒有更糟？

答題完成後，給自己至少一天的時間平復情緒，消化一下被此項練習激起的任何念頭、領悟或全新的觀點，再接著進行發現益處的練習。如果覺得自己還沒準備好或完成不了，你也可以選擇完全跳過發現益處的練習，等幾星期或幾個月再說。

如何從失去中找出益處

一旦經過充分的時間，從失去與創傷中發現益處是爲悲劇賦予意義與重要性的一大途徑。發現了益處，我們才能安頓這一切，把人生繼續下去。儘管要看到一絲絲的光明可能都需要時間，但這麼做可以敞開機會之門與出路之門，這些機會和出路在日後都能變成人生意義與滿足感的來源。幫助其他有類似遭遇的人；喚醒大眾對疾病、社會問題或其他危機的認識；成立基金會紀念我們失去的人；寫下你的遭遇，將親身經歷化爲藝術品或表演作品；成爲身心障礙運動家……，這些都是當事人從悲劇中獲取益處、找出目標的好例子。

找到從悲劇中獲益的可能途徑，雖然對我們的復原有正面的作用，但對情緒與心理復原最有好處的，莫過於將這些益處應用在眞實人生中⑭。所以，我們要找到辦法將我們發現的益處付諸實行。舉例而言，悲劇過後，我們心裡可能更珍惜家人，但若不採取具體的行動，那麼我們從這層新的領悟獲得的益處就會很有限。然而，如果我們有一些實際的改變，騰出更多時間陪伴家人，或提升現有的家人相處時間的品質，我們就更有可能從悲劇中得到眞正的收穫，從而得到心理上的幸福快樂。

⑭ S. E. Hobfoll, B. J. Hall, D. Canetti-Nisim, S. Galea, R. J. Johnson, and P. A. Palmieri, "Refining our understanding of traumatic growth in the face of terrorism: Moving from meaning cognitions to doing what is meaningful," *Applied Psychology: An International Review* 56 (2006): 345-66.

發現益處練習：找出可能的益處

完成下述練習時，務必要有能讓自己放鬆的時間和空間，在不著急、沒有壓力的情況下任思緒馳騁，自由探索各種可能性。

想像十年之後的自己——你已擁有別具意義的重大成就（不見得是「榮獲諾貝爾獎」之類的成就，但對你個人而言別具意義），你給自己一段安靜的片刻，回顧這一路走來的心路歷程，回顧走過的路是如何帶領你來到當下（未來）的這一刻。完成下列造句：

1. 在事發當時，我不曾想過這件悲劇會促使我：
2. 我所做的很重要，而且對我來講很有意義，因為：
3. 我踏上這條成就之路的第一步是當我：
4. 我之所以能達到今天的成就，是因為我將人生中的優先順位改變成：
5. 改變人生中的優先順位，讓我的人生有了以下的改變：
6. 一路走來，我領悟到自己終其一生的目標是：

處方三摘要

- **藥名**：從悲劇中找出意義
- **用法用量**：先瀏覽一下處方內容，唯有當你自認應付得了可能被激起的痛苦或不適，方能予以服用。
- **主要療效**：減輕情緒痛苦，重拾失落的自我認同，重建毀損的信念體系。
- **次要療效**：修復及重建毀損或備受疏忽的人際關係。

何時諮詢心理衛生專業人士

當我們蒙受的損失或創傷很沉重，或當這件事以極端或動搖根本的方式影響到我們的生活，我們都應尋求心理衛生專業人士的諮商輔導。如果你覺得自己可能有創傷後壓力症候群的症狀，例如回憶反覆浮現、做噩夢、情緒麻痺或神經過敏、焦躁不安，請向訓練有素、擅長處理創傷後壓力症候群的心理衛生專業人員尋求諮商。再者，如果你已試過本章開立的處方，但對你的情緒或心理狀態都沒有幫助，或你沒辦法改善自己的處境、重拾豐富充實的人生，那麼你也應該向有經驗的心理衛生專業人員求助，最好是找專攻失去、創傷或喪親的專家。

悲劇過後，無論是在任何時間點，如果你覺得情緒太痛苦，痛苦到你萌生傷害自己或別人的念頭，則應立即尋求心理衛生專業人士的協助，或就近到醫療院所求診。

4

罪惡感

心理中毒

罪惡感是一種極爲常見的情緒困擾，造成罪惡感的原因是我們認爲自己做錯事或傷害了別人。人生在世總有沒達到自己的標準之時，或有心或無意，就連大好人中的大好人也有可能冒犯、侮辱或傷害別人。人有多常萌生罪惡感呢？據研究估計，每人每天會有大約兩小時的輕度罪惡感，每週有五小時的中度罪惡感，一個月當中則有三個半小時的重度罪惡感①。在某些情況下，罪惡感會持續達數年、甚至數十年之久。

我們之所以不會時時被罪惡感壓得抬不起頭，是因爲罪惡感通常只是短期的。的確，罪惡感的主要功能在於警告我們已經做了或即將要做違心之事（例如節食偷吃、買超出預算的東西、該工作的時候打電玩），或我們所做的事直接、間接傷害了別人②。收到這種警示訊號，我們的反應是重新評估自己打算要做的舉動，趕緊懸崖勒馬，或向我們傷害到的人致歉，盡量就現況做出彌補。在那之後，我們的罪惡感通常要不了多久就會煙消雲散了。

內疚的感覺雖然不好受，但對維持個人操守和保護人際、家庭與社會關係而言，卻有著舉足輕重的功能。吵架吵到一半，我們看到另一半眼眶泛淚，罪惡感頓時讓我們軟化下來，和另一半好好溝通。在我們忙得不可開交、工作壓力很大時，一旦發現自己忘了媽媽的生日，罪惡感就油然而生，而且纏著我們不放，直到我們丟下手邊的事，趕緊寫封電郵或打通電話，向媽媽致上萬分歉意。當朋友發現我們把對方私下吐露的祕密說出去了，罪惡感促使我們致上由衷的歉意、保證未來謹言慎行，甚至請對方吃一頓大餐作為彌補。

罪惡感為保護我們最珍惜的人際關係貢獻良多，我們實在應該配給它一套專屬的超級英雄緊身衣和披風。但在套上緊身衣之前，我們也要知道並非所有的罪惡感都對心理有益。在前述幾個例子中，我們對別人造成的傷害很輕微，我們為自己的過失致歉或贖罪的努力很成功，所以我們的罪惡感立刻就化解了，或至少大大減輕了。同理，當我們做出違背個人行為準則的事情，只要彌補自己所犯的錯誤、改正自己的言行舉止，通常就足以減少很多的罪惡感，即使不是完全消除。

但有時候，罪惡感賴著不走，占據我們的思緒太久，久到變成名副其實的惡房客，不再受我們歡迎了。少量的罪惡感可能是英雄，大量的罪惡感就變成心理上的大壞蛋了。它一方面毒害我們平靜的心緒，一方面毒害我們最重視的人際關係。病態的罪惡感毒素一旦在我們心裡擴散、流竄，要抽出毒液恐怕就不容易了。

---

① R. F. Baumeister, H. T. Reis, and P. A. E. G. Delespaul, "Subjective and experimental correlates of guilt in daily life," *Personality and Social Psychology Bulletin* 21 (1995): 1256-68.

② 出處同前。

不健康的罪惡感和人際關係

儘管違背自己的行為準則會讓我們有罪惡感，但這種罪惡感不至於縈繞不去。節食偷吃、亂花錢、或在某方面疏忽了自己的責任，我們可能會努力彌補自己的作為，但不至於因此留下心靈創傷。沒人會在半夜為了去年聖誕節大吃巧克力乳酪蛋糕而尖叫驚醒。在違背了個人的行為準則之後，我們心裡久久不散的通常不是內疚的感覺，而是後悔的感覺。

相對於違背自己的行為準則，不健康的罪惡感主要是在涉及人際關係的情況下產生，亦即當別人的福祉受到波及時③。不健康的人際關係罪惡感通常有三種主要表現形式，三種都會造成類似的心理傷害：懸而未解的罪惡感（unresolved guilt）最常見，往往也最具破壞力；倖存者罪惡感（survivor guilt）；分離罪惡感（separation guilt），或近似於分離罪惡感的不忠罪惡感（disloyalty guilt）。

儘管有數不清的過失都可能引發人際關係罪惡感，但我們的罪惡感之所以一直懸而未解，其中一大原因在於我們遠比自以為的更不擅長有效表達歉意④。另一個原因則是就算歉意表達得十分到位，我們所造成的傷害還是太大，大到對方無法原諒，或對方再怎麼想原諒也做不到（說到底，這往往表示我們的道歉終究是無效的）。在某些狀況下，條件可能完全不允許我們向對方表達歉意。無論是前述哪一種情況，我們的罪惡感就這樣一直懸而未解、無休無止，可能很快就變得「有毒」了。

有些類型的罪惡感是在我們沒有做錯事的情況下形成的。戰爭、車禍、疾病或其他悲劇的倖存者，常常覺得生活不可能完全回歸常軌，因爲那樣只會勾起和罹難者有關的畫面或回憶。他們可能會被「爲什麼我活下來了，別人卻沒有」之類的問題耗盡心力。即使他們防止不了悲劇的發生，倖存者可能還是覺得自己有某種責任。許多倖存者罪惡感很嚴重的個案也患有創傷後壓力症候群，若是如此，他們的倖存者罪惡感僅只是一個症狀，背後還有更複雜的心理障礙，本章開出的處方就可能不適合他們。當你的倖存者罪惡感和戰爭、意外事故及其他悲劇事件有關，最好諮詢主治專長爲創傷後壓力症候群的心理衛生專業人士。

事發前後的情況常會導致倖存者罪惡感加劇。我們可能剛和某個兄弟姊妹吵過架，緊接著他就車禍身亡了。我們可能在某位朋友自殺前忘了回她電話，或在某個同事被開除前才剛對他

③ R. F. Baumeister, A. M. Stillwell, and T. F. Heatherton, "Guilt: An interpersonal approach," *Psychological Bulletin* 115 (1994): 243-67.

④ R. Fehr and M. J. Gelfand, "When apologies work: How matching apology components to victims' self-construals facilitates forgiveness," *Organizational Behavior and Human Decision Processes* 113 (2010): 37-50.

說過不客氣的話。在諸如此類的情況中，有一個萬分不幸的例子就是威倫．傑寧斯（Waylon Jennings）。他曾爲搖滾巨星巴弟．哈利（Buddy Holly）擔任吉他手。巴弟．哈利飛機失事、全機罹難那天，威倫．傑寧斯本來要搭同一班飛機，但因爲綽號大波普（Big Bopper）的李察森（J. P. Richardson）身體不適，傑寧斯就把機位讓給大波普，自己改搭巴士。如果這還不夠引發倖存者罪惡感，傑寧斯和哈利之間最後的對話，是哈利取笑傑寧斯得去搭巴士，哈利說：「嗯哼，我希望你的破巴士拋錨！」傑寧斯反擊道：「嗯哼，我希望你的破飛機墜機！」傑寧斯後來自己也成爲明星，但他永遠揮不開李察森的死造成的倖存者罪惡感，而他和巴弟．哈利道別時說的話又更加深了他的內疚。

幸好，許多導致倖存者罪惡感的情況，都不像傑寧斯的例子那麼慘烈或戲劇化。無論是因爲我們過得特別好，還是因爲別人相較之下顯得特別慘，當我們覺得自己比別人幸運時，良知再加上同理心就可能引發過當的罪惡感。結果使得我們即使沒有做錯事，也難以跨越心理上的障礙。舉例而言，我們可能獲得升遷卻高興不起來，因爲我們的朋友兼同事也想爭取同一個位子。我們可能和夢中情人訂了婚卻不敢大肆慶祝，因爲我們的哥哥姊姊還是苦哈哈的單身狗。我們可能考上第一志願的學校，但也不敢慶祝，因爲我們最要好的朋友名落孫山。

倖存者罪惡感之所以格外難以消除，原因在於我們沒有必須彌補的過錯，沒有需要修復的關係，也沒有欠誰一個道歉。在這樣的情況下，就維護人際關係而言，我們的罪惡感沒有作用，它所發出的警示訊號只是震耳欲聾的誤報，徒然毒害我們的生活品質。

分離罪惡感的產生，是當我們要揮揮衣袖往前走、追尋屬於自己的人生，但這麼做卻意味著棄別人於不顧。我們跟另一半外出時，可能無法好好享受一個愉快的夜晚，因爲我們對於把孩子丟給保母很過意不去，即使保母是孩子相處起來很自在的熟人。住得離年邁的雙親很遠，我們也可能過意不去，即使他們受到妥善的照顧。我們可能會對出國工作或留學感到內疚，因爲知道家人會有多麼想念我們。

不忠罪惡感的產生，是當我們覺得必須忠於家人或朋友，萬一偏離他們的標準和期望，去追求自己的目標或做出自己的選擇，我們心裡就會很難過。我們擔心家人會認爲我們的選擇傷了他們的心、否定了他們信奉的價值觀，並將我們視爲背叛這個家的叛徒。這種罪惡感在有關宗教信仰和性傾向的課題上尤其常見。我輔導過一位母親，她的同性戀女兒剛出櫃，母女倆一起來做諮商。會談過程中，母親轉頭對女兒說：「你怎麼能對我做這種事?!」女兒回嘴道：「我哪有對你做什麼?我只是想過得幸福快樂而已!」說完，女兒又立刻哭著說：「對不起，眞的很對不起。」

家人在這種情況下往往會有遭到背叛的感覺，更不幸的是，他們在向我們傳達這種感覺時往往直接得很。當然，許多成年的孩子也會因爲父母的不支持、不諒解，而有遭到父母背叛的感覺。但比起父母、其他家人或社會大眾，壓在子女心頭的罪惡感通常沉重得多。

在這種情況下，人際關係破損的後果顯然應該加以解決，但我們的罪惡感之所以不該用在這種地方，原因在於想要獨立自主、想要活出自己的人生、想要做出自己的選擇、想要照顧自己的情緒和心理需求……，這些渴望都是健康的，而我們對這些渴望的反應卻是萌生罪惡感。

無論我們有沒有做錯事，不健康的罪惡感越重，或持續的時間越久，它的毒性就越強，對心理健康造成的傷害也就越大。

罪惡感造成的心理傷害

過量的病態罪惡感造成的心理傷害有兩種，兩種都可能對我們的生活品質「有毒」。第一種衝擊到的是個人的自理能力和幸福感。除了帶來令人心力交瘁的情緒困擾，罪惡感也會嚴重妨礙我們對自己的關注力，導致我們疏於照料自身的需求與責任，也常導致我們訴諸無情的自我懲罰。第二種則大肆破壞我們的人際關係。過量或未能化解的罪惡感殘留的效應，有損我們和被我們傷害的人之間的互動，並限制了我們由衷和對方溝通交流的能力。它的遺毒可能往外擴散，使我們的家庭、人際圈，乃至於社群團體，全都陷入緊張與對立。

過量或懸而未解的罪惡感之所以急需處理，原因在於它往往會惡化加劇，演變成怨悔與羞愧。一旦發生這種情形，我們譴責的就不止是自己的行爲，而是自己這整個人，導致自厭、自卑和憂鬱。爲能成功治療這兩種傷害，我們需要了解它們對生活造成的衝擊，以及它們對人際關係造成的破壞。現在，就讓我們更詳細地認識它們一下。

1. 自我譴責：罪惡感如何打擊我們的幸福快樂

罪惡感有各種不同的嚴重程度。輕者可能像隻討厭的蟲子，巴著我們的袖子不放，對著我們嘮叨不休。在我們努力履行職責時，它害我們分心；在我們忙於日常事務時，它拖慢我們的腳步。重者則耗盡我們的心力、癱瘓我們的生活，使得我們的存在本身都變成以這份罪惡感爲中心。

耀西是一名大學生，距離畢業只剩幾個月的時間，他趁春假來找我做心理治療。他的父母都是醫生，在三十出頭歲時從日本移民來美國，到了美國卻找不到臨床診療的工作，只得轉而謀求研究性質的職位。「家父總說他人生中最快樂的一件事，就是我錄取常春藤盟校，而且擠進了全美國最優秀的醫學預科學程。」耀西娓娓道來：「他們期待我念完預科直上哈佛醫學院，最終開一家成功的診所，代替他們實現未竟的夢想。」

父母的期望對耀西造成莫大的壓力，但隨著他繼續說下去，我發覺他何止壓力大，根本就是心亂如麻、寢食難安。

「打從上第一堂課起，我就恨透了醫學預科。」他接著說：「我撐了整整一學年，而且念得還不錯，但我心裡很痛苦。我對醫學預科就是沒興趣，念醫學院不是我要的，於是我換了主修科目。只是我不知道要怎麼跟爸媽講，才不會傷他們的心。他們為我、為我的教育犧牲了那麼多，我就是不能……我一直都在騙他們。但再過幾個月，我就要畢業了，到時候……他們一定會知道！」耀西雙手摀住臉。「我愧疚到都要吐出來了。我一直想像他們發現眞相的表情。」耀西不禁啜泣起來，好幾分鐘都沒辦法說話。「爲了付我的學費，他們拚了老命工作賺錢。我大可去念州立學校，幫他們省下一堆錢。他們還以爲我現在隨時都會接到哈佛的入學通知。我爸媽一定會很震驚、很崩潰！」耀西又啜泣了一陣。「我不知道怎麼辦！我沒辦法專心。我沒辦法集中注意力。我念不下書……我滿腦子都是這件事！」

內疚了三年，耀西再也受不了了。現在，罪惡感對著他厲聲尖叫、喋喋不休，耗盡他的心力，他再也不可能無視它的存在。罪惡感妨礙了他的注意力，害他不能專心、思路不清、念不下書。

背負著罪惡感的人，有許多都會心煩意亂、思緒混亂到什麼事也做不好，盡不了基本的責任，在工作上或課業上無法正常發揮⑤。除非積極找出罪惡感的原因，或減少它造成的衝擊，否則我們就會一直受到它的擺布。

不幸的是，不健康的罪惡感不只令人難過，還會阻止我們追求快樂。在一項以一般大學生爲對象的研究中（所謂「一般」大學生，意指事先並未針對罪惡感特別挑選研究對象），科學家給大學生看一些與罪惡感有關的字眼，例如「活該」、「罪有應得」、「歉疚」。科學家將這些詞彙投影在銀幕上高速播放，讓參與者來不及認眞看進去，但仍下意識地受到影響——這個過程心理學稱之爲「促發」（priming）。第二組參與者用悲傷難過相關的字眼加以促發。第三組（對照組）看的則是中性的字眼。接下來，科學家請參與者表明自己要怎麼花五十美元的禮券。中性組和悲傷難過組都將大部分的資金分配給電影、音樂之類的事項，罪惡感相關詞彙組則選擇了非娛樂性質的東西，例如文具用品⑥。

---

⑤ M. J. A. Wohl, T. A. Pychyl, and S. H. Bennett, "I forgive myself, now I can study: How self-forgiveness for procrastinating can reduce future procrastination," *Personality and Individual Differences* 48 (2010): 803-8.

⑥ Y. Zemack-Rugar, J. R. Bettman, and G. J. Fitzsimons, "The effects of nonconsciously priming emotion concepts on behavior," *Journal of Personality and Social Psychology* 93 (2007): 927-39.

除了此項研究，也有其他研究證明了罪惡感澆人冷水的威力。即使只是下意識接觸到有關罪惡感的詞彙，也足以讓當下並沒有罪惡感的人壞了興致。當我們正處於無休無止或過量的罪惡感折磨之下，要我們透過任何實質的方式享受人生無疑都難如登天。曾經帶來歡愉、喜悅或興奮的事物失去了吸引力，不是因爲我們對這些事物不再感興趣，而是因爲我們不再允許自己樂在其中。

對於各式各樣懷有倖存者罪惡感的人來說，這種問題尤其嚴重。舉例而言，意外事故罹難者或慢性病童的父母、納粹大屠殺倖存者的孩子（甚至是孫輩）、其他暴行的倖存者，乃至於喪偶的人，往往光是想到玩樂或任何一種放縱、享受的方式就會萌生罪惡感。除了徒然降低生活品質以外，這種長期、嚴重的罪惡感對我們沒有半點好處。

過量的罪惡感還有另一個「毒效」，就是我們可能會透過自我破壞或自我毀滅的行爲，有意識或無意識地懲罰自己，藉此讓自己好過一點。有些人甚至會訴諸肢體上的自我懲罰⑦。自殘作爲一種贖罪的方式，有著一段悠久而令人反胃的歷史，尤其盛行於十三至十四世紀爆發腺鼠疫的歐洲。當時的人相信，公然用鐵條鞭打自己，或剝下自己的皮、刨下自己的肉，便能洗淨自己的罪愆，從而抵禦黑死病。隨著人類社會越來越文明，人類自我懲罰的方式也變得越來越文明，公然打得自己血肉模糊的現象不復存在，但私底下拿自己的頭去撞牆的人不知凡幾。

除了這些撞頭族以外，訴諸自我懲罰的人多得超乎我們的認知。在一項研究中，奪得樂透彩券、害別人不能中獎的受試者，心甘情願接受令人不適的強力電擊，特別是當他們發現「受害者」就在自己面前時⑧。在另一項研究中，被設計產生罪惡感的受試者，願意長時間痛苦地將雙手浸泡在冰水中，而且比無罪惡感的受試者浸泡時間長了許多⑨。這些研究結果之所以引人注目，原因在於參與者並沒有要抵禦瘟疫，他們只是因爲自己的同學沒中獎而過意不去！

在自認要爲傷人負責卻又無法彌補對方時，只好透過自找罪受來贖罪，這種反應稱之爲「多比效應」（Dobby effect）⑩，以《哈利波特》系列小說中自我懲罰的家庭精靈「多比」爲名。我們這些凡夫俗子又不是小精靈，之所以訴諸自我懲罰，甚至要到公開場合做給大家看，原因在於這種舉動明白展現了懊悔之意。透過把自己內心的痛苦攤開在大眾面前，我們分攤了

---

⑦ R. M. A. Nelissen, "Guilt-induced self-punishment as a sign of remorse," *Social Psychological and Personality Science* 3 (2012): 139-44.

⑧ 出處同前。

⑨ B. Bastian, J. Jetten, and F. Fasoli, "Cleansing the soul by hurting the flesh: The guilt-reducing effect of pain," *Psychological Science* 22 (2011): 334-35.

⑩ R. M. A. Nelissen and M. Zeelenberg, "When guilt evokes self-punishment: Evidence for the existence of a Dobby effect," *Emotion* 9 (2009): 118-22.

「受害者」所受的身心煎熬，甚至抵銷了我們對受害者的虧欠，希望藉此重拾我們在家裡、人際圈、乃至於社會上的地位。

2. 人際關係阻塞：罪惡感如何毒害健康的溝通動脈

包括被動式罪惡感（guilt trip）在內，沉重的罪惡感會毒害我們和受害者之間眞誠溝通的動脈，以及情感交流的動脈。（被動式罪惡感意指受害者自認受到我們的傷害，無論我們有沒有傷害他們，我們都被迫產生罪惡感。）不知不覺間，懸而未解的罪惡感影響著我們在別人身邊的言行舉止。反之亦然，別人在我們身邊的行爲表現也受到罪惡感的影響。在許多情況下，罪惡感還會把我們社交圈或家族裡其他的親朋好友都捲進來，在所有受到影響的人之間，那份自然、眞誠的交流很快就會受到毒害，大家的關係就變得緊繃到極點。在這種情況下，懸而未解的罪惡感持續擴散的毒性，對人際關係帶來的破壞甚至比我們原來造成的傷害更爲可觀。

內疚的感覺往往是一波未平、一波又起。在各式各樣的人際關係中，當我們和受我們所害的人互動時，內疚的波浪便來到最高峰。在這種正面交鋒的時刻，我們的罪惡感威力之大，感覺可能就像躲避球迎面砸來一樣。可想而知，我們的本能往往就是竭盡所能避開這些痛苦的人際往來。在和對方及其他家庭成員相處時，爲了避免又再傷到對方，我們絕口不提造成罪惡感的那件事。只要任何沾上一點邊的話題有可能扯上那件事，我們就趕緊顧左右而言他。久而久之，我們要避開的地雷話題越來越多。我們也可能會去迴避勾起相關回憶的人物或地點，到頭來，我們就開始努力徹底避開那個人了。

雖然這種策略頂多就是沒有效果而已，但當受到傷害的人是我們的另一半時，要避而不見純粹就是不可能。布雷克是一名家庭主夫，茱蒂是一家藥廠的業務代表，他們一開始是爲了教養問題來找我做婚姻諮商。這對夫妻育有三名子女，其中兩個孩子患有注意力不足過動症（ADHD）。無論父母多麼費心訂下規矩，三個孩子都不當一回事。然而，當布雷克發現一則簡訊，簡訊內容顯示茱蒂前一年可能和同事有外遇，兩個人教養不同調的問題馬上就被擱置一旁。在接下來那次的會談中，布雷克直接跟茱蒂當面對質。茱蒂很訝異布雷克天外飛來一筆的突襲，但她當場就承認自己偷吃。「那只是一夜情，而且從那之後我就一直很後悔。」她說：「我們下班後一起去喝一杯，事情就這樣發生了。但那不代表任何意義！就只是一個愚蠢的錯誤，一個蠢到極點的錯誤罷了。」

針對那則簡訊，布雷克本來希望茱蒂提出一套有說服力的說詞，沒想到眞相把他整個人都擊潰了。「你跟別的男人上床了。」他不敢置信地搖著頭，口中念念有詞地說：「你跟別的男人上床了……」

茱蒂一臉既愧疚又痛苦的表情。「對不起，布雷克，我真的很對不起你！但我發誓那不代表什麼，就只是一個錯誤，如此而已。你一定要相信我！」

當布雷克表示他決定繼續這段婚姻時，茱蒂鬆了好大一口氣。然而，這並不代表他原諒她了。事實上，布雷克心裡一直覺得很受傷，他難過到滿腦子都是這件事。每次望向他，茱蒂都看到他滿眼受傷的神色，她因此內疚得不得了。時間一週接著一週過去，他們逐漸回到常態和例行公事中，但布雷克的痛苦揮之不去，茱蒂的罪惡感也不絕如縷。茱蒂的業務工作需要她打起精神、積極進取，工作時她也成功保持住正面心態。但只要回到家，她就被罪惡感壓得喘不過氣。她開始加班加得比較久，但每隔三十分鐘就打電話給布雷克，向他保證她乖乖待在辦公室。她找藉口迴避家族團聚，不管是他那邊的家族聚會，還是她自己這邊的家族聚會。她也越來越少參與孩子們的課外活動。

我決定私下見一見茱蒂，探討她跟家人越來越疏遠的行爲。「你現在迴避的不只是自己的罪惡感而已。」我向她指出來：「你在迴避你的整個婚姻。」茱蒂默默點頭。但她的罪惡感已經超過負荷，她不知道自己還能忍受多久。她亟欲得到布雷克的原諒，相對而言，他也亟欲原諒她，亟欲放下過去往前走，但他純粹就是做不到。傷害、內疚和迴避的循環在他們之間反覆上演，破壞了彼此眞誠溝通的能力。比起她的外遇本身，這種循環對婚姻的威脅甚至更大。跟罪惡感打躲避球，我們的勝算微乎其微。

被動式罪惡感的反作用力

被動式罪惡感幾乎都是發生在很親近的人之間，而且最常見的主題就是相處上的疏忽⑪。「我就算死了，你也永遠不會知道，因爲你從來不跟我聯絡。」「你要是跑去刺青，一定會傷透你媽的心！」「自從你上星期跟你爸大吵一架，他就振作不起來了！」這些都是迫使別人被動產生罪惡感的例子，在日常生活中司空見慣但溫和無害，稱得上是家庭溝通的必需品。我們之所以要引起別人的罪惡感，主要是爲了影響別人的決定與行爲。但被動式罪惡感具有反作用力，我們在激起別人的罪惡感時，很少顧慮到這麼做也會連帶引發怨恨的情緒。

在一項調查中，有三十三%的人表示怨恨那些迫使他們產生罪惡感的人。相形之下，迫使別人產生罪惡感的人，則只有二%提到在事後會怨恨自己的行爲⑫。的確，後者很少意識到自己的行爲伴隨著適得其反的後果。當別人指控我們疏忽了他們，我們在內疚之下的反應可能是多去關心他們一點。但在這麼做的同時，內心的怨氣卻可能使得我們未來更想躲遠一點。被動

---

⑪ R. F. Baumeister, A. M. Stillwell, and T. F. Heatherton, "Personal narratives about guilt: Role in action control and interpersonal relationships," *Basic and Applied Social Psychology* 17 (1995): 173-98.

⑫ 出處同前。

式罪惡感的毒效多半都很輕微，但久而久之，在毒性日積月累之下，我們的互動與溝通就變成敷衍的表面功夫，人際關係的品質就降低了。

罪惡感如何毒害家族全員

當我們犯下的過錯很嚴重，或當受到傷害的人一直無法原諒我們，罪惡感的毒效和受害者的譴責很容易就會擴及家中其他成員，或是社交圈裡的其他人。在這些人當中，只要有一個人選邊站，默默帶動其他人也要表態效忠，分歧的局面很快就會形成。其他家庭成員緊接著就會在對立的雙方之間選定一方，如此一來，健康的溝通動脈所受的毒害又更深了，每個人都或多或少受到了影響。許多橫跨多代的家族嫌隙就是這樣產生的。

在親人之間，家族活動和宗教節慶是這些有毒互動上演的沃土。團圓的場合為家族提供了翻舊帳的完美舞台。當然，除了造成犯錯者強大的罪惡感以外，規劃得再完美、再怎麼值得歡慶的節日，都會被親人之間緊張對立的氣氛給毀掉。

二十歲的大學生安東妮雅在家中排行老三，他們家十二個兄弟姊妹有十個都是女生。安東妮雅自己親口承認，在所有兄弟姊妹中，就屬她和媽媽的關係最不好。「我來自一個義大利家庭。」在我們的第一場會談中，她說明道：「你知道，義大利人脾氣很火爆。我一向尊敬我母親，但我也會跟她吵架。無論如何，我們母女現在的關係差到無以復加，我不能不想想辦法了。」我同情地點點頭，鼓勵安東妮雅說下去。「我知道聽起來一定很可怕，但家裡每個人之所以很不高興是因爲……我是說……事情是……我開車把她輾過去。」

我猛然挑起眉毛，挑眉的力道之猛，我覺得我的額頭都發出「叮」的一聲了。

「我只有輾過她的腳啦！」安東妮雅連忙澄清道：「我開車輾過她的腳！我是不小心的，不是故意的！」

那次是安東妮雅回老家探望雙親，她和她母親又互吼起來了。安東妮雅決定走人。她正要把車子從車道上開出去，她母親就衝了出來，據安東妮雅的說法：「她吼得還不過癮。」爲了吼個過癮，她大罵安東妮雅吵到一半直接走人是大不敬的行爲。她的吼聲之響亮、用語之難聽，鄰居們都跑出來看熱鬧了。「我從沒見她氣成這樣過。」安東妮雅回憶道：「她罵得口沫橫飛，車窗上都是口水！」

安東妮雅自己也不是省油的燈，她對她母親吼回去，叫她從車子前面滾開。「我媽往後退了一步，但她一副氣瘋了的樣子，我看了整個火都上來了。她把我也氣瘋了。我忘了把方向盤打直，沒發覺輪胎是歪的。」安東妮雅用力吞了一口口水。「我大腳踩油門，還來不及踩煞車，我就從她的腳上直接輾過去了。」安東妮雅的下唇顫抖起來。「我心想我死定了。死定了！我跳下車，看到我媽抓著她的左腳慘叫。我意識到自己一定是輾過她的腳了，當場差點沒嚇得心臟病發作。就在去年，她那隻腳才動過拇趾外翻手術！我忙不迭地說：『媽，對不起，我不知道方向盤是歪的！眞的很對不起！』但她看都不看我一眼，只顧痛苦哀號。」

安東妮雅想要直接載她母親去掛急診，但她母親拒絕了。她堅持要安東妮雅的姊姊載她過去。「我在家等她們等了一整晚。」安東妮雅說：「我內疚到都要吐出來了。我超想吐的！後來我姊姊瑪莉雅過來跟我說，我媽說我故意開車輾她！你能相信嗎？她怎麼能認爲我是故意的呢?!」

等安東妮雅的母親看完診回到家，她的姊妹們已經分成兩派了：一派認爲她是故意輾過媽媽的腳，另一派光是想到這背後代表什麼意思就嚇得驚恐萬狀。不幸的是，她母親的腳花了好幾個月才復原。在這段期間，她們的家族成員已經慢慢分成媽媽那邊或安東妮雅這邊。安東妮雅從頭到尾持續去看她的雙親，並試圖和她母親溝通，儘管成效微乎其微。在安東妮雅的努力之下，表面上一切看似如常，但背地裡其實暗潮洶湧，沒有說出口的譴責、怨恨和安東妮雅的罪惡感像滾雪球般越滾越大。到了感恩節全家團圓時，氣氛緊張到毀了每個人的節日。安東妮雅決定在聖誕節也被毀掉之前尋求我的建議。

類似的緊張氣氛和效忠大考驗，在職場、朋友間及其他人際圈也很常見，例如在運動團隊中。當我們的罪惡感既沉重又無解，它的毒素很容易就會擴散開來，妨礙健康的溝通，在我們和別人之間製造壓力，毒害整個團體。

治療罪惡感心理傷害的三帖處方和使用原則

罪惡感通常有很重要的功能——它警告我們有可能傷了別人，或我們打算要做的事有可能傷到別人。一旦我們懸崖勒馬，打消本來的計畫，或透過道歉等方式彌補自己的過失，罪惡感就會減輕。所以，並非一切狀況都需要施以情緒急救。然而，如果我們犯下了天大的過錯，如果我們已經誠心誠意向受到傷害的人道歉，或用其他方式彌補自己的所作所爲，但我們的罪惡感還是很重，又或者我們備受倖存者罪惡感、分離罪惡感、不忠罪惡感的煎熬，情緒急救就眞的有其必要了。讓我們打開心理急救箱，看看我們的治療選項吧。

要處理積壓在心的罪惡感，最有效的辦法就是從源頭對症下藥，修復我們和受到傷害的人之間的關係⑬。修補裂痕、取得對方眞心的原諒後，我們的罪惡感不僅很快就會大大減輕，而

⑬ C. E. Cryder, S. Springer, and C. K. Morewedge, “Guilty feelings, targeted actions,” *Personality and Social Psychology Bulletin* 38 (2012): 607-18.

且極有可能完全煙消雲散。處方一（有效表達歉意）著重在如何透過心理上有效的道歉方式，化解對方依舊懷有的恨意、促進雙方關係的修復，從而修補受損的感情。

如果條件不允許你直接向對方致歉，或這份關係基於其他原因不可能修復，處方二（原諒自己）提供別種辦法緩和罪惡感，並減輕你的自責與自我懲罰。要連根拔除過量的罪惡感，處方二不像處方一那麼有效，但處方二確實能提供某種「心理解毒劑」，爲你卸下情緒上的負荷。處方三（重新活起來）則專門針對倖存者罪惡感、分離罪惡感和不忠罪惡感（亦即在沒有人際關係的裂痕要修補的情況下）。到了本章結尾，我會提出何時該諮詢心理衛生專業人士的指導方針。

處方一：學習有效表達歉意

理論上，要解開有毒的人際關係罪惡感很簡單——向被你傷害的人致上眞誠的歉意。假設你眞情流露，而你犯的錯又不是那麼罪不可赦，那麼一切都會得到原諒，尤其是隨著時間過去。然而，研究卻顯示事實不然。實際上，以道歉換取原諒這個簡單的動作，遠比我們以爲的更常出差錯，不管是發生在人生中的哪一個領域⑭。更麻煩的是，無論是在心理作用上還是溝通方式上，當對方認爲我們沒有誠意，道歉還會適得其反，使得情況雪上加霜，本來就已經有毒的人際互動解毒沒解成，中毒面積還擴大了。

之所以常常發生這種情形，原因在於有效獲得原諒的道歉是一門深奧的學問。事實上，一直到最近，道歉的藝術都比多數心理學家所想的複雜許多。

「道歉」這麼基本的一件事，怎麼會把這麼多人都給難倒了呢？畢竟在一學會說話之後，父母師長不都教過我們說「對不起」嗎？身爲成年人，我們多多少少一定懂得怎麼道歉吧。天可憐見，我們還眞的不懂。儘管父母師長都教過我們「何時」該說對不起，我們卻不曾學過「如何」道歉，或如何「有效」道歉。長久以來，心理學界也不曾正視這個問題。有數以百計的研究都探討過道歉與原諒的課題，但絕大多數談的只是道歉的時機和時間，而不是道歉的方式或有效道歉和無效道歉之間的差異。幸好，人際關係的專家學者終於開始探究道歉成立的有效要素，以及從受傷的一方得到由衷原諒的可能因素。

---

⑭ R. Fehr and M. J. Gelfand, "When apologies work: How matching apology components to victims' self-construals facilitates forgiveness," *Organizational Behavior and Human Decision Processes* 113 (2010): 37-50.

有效道歉需要的元素

多數人都認爲道歉包含三個基本元素：(1)對於發生的事情表示後悔；(2)明白說出「對不起」三個字；(3)請求原諒。這三個舉動都必須帶有誠意（例如：「天啊，我把今晚的約忘得一乾二淨！眞的很抱歉，希望你能原諒我！」而不是：「哎呀，是今晚嗎？」）。儘管這三項元素看似再明顯不過，我們卻常常漏掉其中一項，而且疏漏的頻率高得不可思議。當我向個案指出諸如此類的疏失時，他們往往覺得我只是在挑一些技術上的小毛病。「哎？拜託！」他們常常這麼說：「我道歉了呀，不是嗎？雖然沒有直接說出『對不起』三個字，但背後就是那個意思嘛！」

我的反應通常是打個比方給他們聽：烤蛋糕時，麵粉是心照不宣、一定要加的食材，但如果我們忘了加麵粉，烤出來的成品看起來就不像蛋糕，嚐起來也不像蛋糕。這個比喻很重要，因爲如果希望道歉收到效果，我們就要清清楚楚照著食譜來，而這份食譜需要的可不止前述三項食材。道歉要有效，科學家發現還有另外三項不可或缺的要素：肯定對方的感受、補償對方、承認自己違背了對方的期望⑮。我們先來看看這些額外的要素，再來看看安東妮雅、茱蒂和耀西的道歉當中具有或欠缺這六種必備元素的哪一種，以及他們的道歉因此換來什麼結果。

肯定對方的感受

無論是傷害我們、激怒我們或讓我們失望的人，除非我們覺得他們真的「明白」我們的感受了，否則我們一般都很難原諒對方。但如果對方的道歉方式顯示他們深知自己造成的情緒痛苦，而且他們願意為此負起全責，我們的心情就會好過許多，要對這件事釋懷也就容易得多，因為我們覺得自己的感受得到了肯定。

一旦運用得當，「情緒肯定術」就是一個強而有力的工具。若是用在道歉上，它更是一帖強效解毒劑。為此，我們要設身處地站在對方的立場，體會我們的所作所為造成什麼後果，了解對方受到什麼影響、因此產生什麼感受。肯定對方的感受、表示我們懂得對方的心情，並不代表我們是明知故犯。這麼做純粹是承認我們讓對方難過了，無論我們的本意如何。

道歉之所以常常漏掉這項元素，原因在於當我們傷了別人的心，這時再去肯定對方的感受，連我們自己都會覺得這麼做很冒險。人家就已經對我們很生氣、很灰心或很失望了，我們還要跟他說他確實應該生氣、灰心或失望，這不是火上澆油嗎？所以，我們的本能就是完全避

⑮出處同前。

談對方的心情。然而，即使看似有違常理，但當我們正中下懷地肯定別人的感受時，神奇的事情就發生了。使出這招情緒肯定術，我們非但不會火上添油、更加激怒對方，反而還能滅火消氣。

情緒受到肯定是人人都追求、人人都渴望的東西，我們可能都不知道自己有多想獲得這種肯定。在難過、生氣、沮喪、失望或傷心時，許多人都會情不自禁想找人談自己的感受，其中一個原因就在於我們想要一吐為快，藉由說出來緩和內在的苦惱。然而，若要得到真正的寬慰，聽我們傾訴的人還得「懂」我們的心情才行。旁人要能明白我們發生了什麼事、為什麼會有這種感受。我們需要旁人表示他們明白了，連帶奉上豐沛的同理心，如此一來，我們才會覺得自己的感受得到了肯定。當我們向朋友吐苦水，我們希望聽到他們說：「不會吧！」「天啊！」「太慘了！」要是他們聽完我們沉痛的心事，只是聳聳肩說了聲「喔」，我們會覺得大失所望、很不滿意。

誠意滿滿的情緒肯定術

要給人誠意滿滿的情緒肯定有五個步驟，最重要的要素則是準確。在表達我們理解對方所受的委屈時，表達得越準確就越能解開人際關係的毒素。

1. 讓對方說完整件事情的來龍去脈，以詳盡了解箇中原委。
2. 從對方的角度表達你對這件事的理解（無論你是否同意對方的觀點，即使對方的觀點顯然很偏頗）。
3. 表達你理解對方因為這件事所產生的感受（一樣要站在對方的角度）。
4. 承認對方有這種感覺很合理（從對方的角度看來確實是合理的）。
5. 關於對方的心情，表示自己感同身受，並表達懊悔之意。

關於如何發揮同理心、如何確切體會他人的感受，更詳細的說明請參見本書第二章有關「觀點取替」和「同理心」的段落。

彌補對方或爲自己贖罪

雖然不一定有直接的關係，雖然不見得有必要或有可能，但找個辦法彌補我們的所作所爲，或透過某種方式爲我們的過失贖罪，對受到冒犯的一方來講別具意義，即使他們不接受我們所做的努力。藉由承認這份關係中有不平衡之處，我們表達了更深的懊悔與自責，也表達了有意改正缺失、重修舊好的強烈動機（例如：「很抱歉我喝醉毀了你的慶生會，我知道你費了多大的心血去規劃。或許我可以特別爲你辦一次聚會來補償你。」）。

承認你壞了規矩或違背對方的期望

一旦別人被我們所傷，我們之所以得不到對方由衷的原諒，其中一大因素就在於他們不確定我們是否學到教訓了。從今以後，我們都不會再犯了嗎？還是一樣有可能重蹈覆轍？所以，我們必須清楚地承認自己的舉動不符期待、壞了規矩或有違社會規範，並保證未來不會再犯。更有甚者，如有可能，我們應該具體、詳細地表明自己打算採取什麼措施，以確保將來不會重蹈覆轍（例如：「我把你的生日記錄到我的電子日曆上了，以後每年我都會收到提醒通知。」）。

找出道歉方式中的不足之處

我一向茱蒂、安東妮雅和耀西說明這六個要素之後，他們就都能從自己原先的道歉方式中找出許多不足之處。舉例而言，安東妮雅的道歉方式涵蓋了三個基本要素：她對輾過媽媽的腳深表歉意，她說了好多次的「對不起」，她一再懇求她母親的原諒。更有甚者，安東妮雅試過要彌補自己的所作所爲（她提議送她母親去醫院，並表示要幫忙做家事），她甚至對她母親肢體上的疼痛表示感同身受。但她沒有做到她母親最需要的一件事——安東妮雅沒有承認自己破壞了家裡的規矩，跟爸媽講話講到一半轉身就走（或以這次的情況而言，她是轉動輪胎把車開走），表現出對他們不敬的行爲。直到安東妮雅保證未來不會再違反這一條家規爲止，她母親都沒有辦法原諒她。

當耀西終於向父母坦白說他上不了哈佛醫學院，而且他從大一開始就沒念醫學預科，他們就像他擔心的一樣徹底崩潰了。「我媽氣得邊喘邊哭，我爸只是一動也不動地站在那裡，什麼也沒說，忍住不要崩潰。我跟他們說我有多抱歉，我知道自己傷了他們的心，我知道他們會有多失望、多痛苦，但我爸還是一語不發。我又說我知道騙他們不對、這種行爲有多不敬，我懇求他們的饒恕，但他還是一個字也沒說。他甚至沒辦法正眼看我一下。他保持沉默的每一秒鐘都像一把罪惡感的利刃，在我心頭插得更深。到最後，我已經無話可說了。我爸只是轉過身，伸手攬住我媽走了出去。從那之後，他們就沒跟我說過話。」

耀西的道歉絕對是誠意滿滿、發自內心，而且在其他方面也很周到。他敏銳地察覺到父母的感受，也一再表達了對他們的心情感同身受，並承認自己違反了許多社會規範和家裡的規矩。然而，他唯一漏掉的一項要素，就是沒有表示要補償父母在他身上的鉅額投資。當初耀西若是坦白自己的志向，去念一所學費便宜許多的學校，他們就可以省下一大筆錢了。如果耀西表示要補償這部分的損失，父母就會深深感受到他悔過贖罪和光宗耀祖的誠意。此外，這麼做也能挽回他們在親朋好友間的顏面。他們可以跟人解釋說兒子改變心意、不念醫學院了，而且他會爲自己的決定負全責，償還父母投資在他身上的教育費。

顯然，就算他這麼做，親子關係的裂痕之深，恐怕還是需要時間才能盡釋前嫌、重修舊好。但即使只是暫時得到原諒，至少感覺自己已經踏上修補裂痕之路，便足以讓耀西的罪惡感開始減輕。

給老公布雷克戴綠帽的茱蒂明白表達了「對不起」，也明白表達了懊悔之意（「那只是一夜情，而且從那之後我就一直很後悔。」）。但她一直請求布雷克「相信」她，而不是請求布雷克「原諒」她。如果我們從來不曾請求對方的原諒，那我們就不可能得到原諒，道理就是這麼簡單。就其他方面而言，茱蒂的道歉也有所不足。雖然她承認自己做錯了（「那是一個愚蠢的錯誤！」），但她沒有明確表示自己破壞了對婚姻忠誠的誓約。

當我向茱蒂指出這一點時，她堅稱沒有必要特別去提一件布雷克已經心知肚明的事情，因爲這樣只會惹得他更不高興。但她之所以沒能承認自己破壞了婚姻誓約，眞正的原因在於這麼做會讓她暴露在「情緒躲避球」迎面砸來的襲擊下，面臨洶湧而至的罪惡感與心理壓力。雖然她的抗拒情有可原，但若不能承認這一點，茱蒂就沒有表現出她會爲自己的行爲負全責的心意。最重要的是，茱蒂用盡各種辦法彌補（例如同意在她加班時每隔三十分鐘就打電話給布雷克），但她沒有對布雷克的感受表達充分的同理，也沒有明白表示她了解布雷克的心情了，以至於布雷克的情緒在各方面都沒有得到茱蒂的肯定，比方她沒說：「我承認以後要你再相信我很難。」或是：「我明白就算有可能，你也很難找回以前對這份婚姻的感覺。」

處方一摘要

- **藥名**：有效道歉
- **用法用量**：對於你所虧欠的人，將這帖藥方的各項原則貫徹到底，用心構思道歉時的措辭，愼選道歉的最佳時機和地點。
- **療效**：減輕內疚和自責，修復受損的人際關係。

處方二：原諒自己

向受到傷害的人致歉並得到由衷的寬恕，不僅可以大大減輕罪惡感，也讓我們不必再閃躲迴避下去。然而，有時候要得到原諒是不可能的，或許是因爲條件不允許（例如我們無法接近受到傷害的那個人），也或許是因爲我們已經竭盡全力卻還是得不到原諒。在這種情況下，罪惡感繼續毒害我們的生活品質，我們照樣會自責下去。

當我們傷害了別人，能取得對方的原諒總是比較好，但在不得已的情況下，要緩和內心的煎熬，唯一的辦法就是原諒自己。原諒自己是一個過程，不是一個決定（不容否認，它是一個從決定開始的過程）。我們要先承認這麼多的自我折磨已經夠了，過量的罪惡感對我們的人生沒好處。接下來，我們就要在情緒上做出必要的努力，克服揮之不去的罪惡感。

爲了達成自我饒恕的任務，你的情緒有可能要面臨挑戰，但結果絕對是值得的。研究顯示，原諒自己不僅可以減輕罪惡感，也讓我們可以不用再迴避受到傷害的人[16]。原諒自己也提高我們享受生活的能力，並減少自我懲罰或出現自毀行爲的傾向。以拖拖拉拉的毛病爲例，比起無法原諒自己的拖延者，原諒自己該念書卻拖著不念的人，日後拖延的毛病反而改進了許多[17]。

原諒自己的具體步驟

原諒自己絕不代表我們的行爲是可以接受的，也不代表別人應該包容或忘記這一切。確切說來，自我饒恕應該是一個有意識的過程所產生的結果，是我們爲了與自己的過失和解所做的一種努力。自我饒恕的危險在於我們有可能太輕易或太急著放過自己，或我們沒有爲了避免重蹈覆轍，做出應有的改變、學會注意自己的言行。所以，就算要原諒自己，我們也要先爲自己的所作所爲負起全責，誠實、切實地對自己剖析讓我們內疚的事件。我們既要明確地承認自己的過失，也要承認這個過失對他人造成的傷害——實際上造成的影響和情緒上造成的衝擊都包括在內。

就算不是一個很痛苦的過程，學著接受自己的所作所爲及其後果，多少也是一個不好受的過程。但除非完成這個自我檢討的過程，否則我們無法發自內心眞正地原諒自己。在我們的過失造成重大傷害的情況下（例如酒駕出車禍害人喪命或重殘），若是無法確定能不能或該不該

---

⑯ J. H. Hall and F. D. Fincham, “Self-forgiveness: The stepchild of forgiveness research,” *Journal of Social and Clinical Psychology* 24 (2005): 621-37.

⑰ M. J. A. Wohl, T. A. Pychyl, and S. H. Bennett, “I forgive myself, now I can study: How self-forgiveness for procrastinating can reduce future procrastination,” *Personality and Individual Differences* 48 (2010): 803-8.

原諒自己，我們則應尋求心理衛生專業人士的輔導。

一旦爲自己的作爲及其後果負起全責，我們就可以進行到第二步驟，去做原諒自己的功課。爲了與自己的所作所爲和解，我們要對自己造成的傷害做出某種改進或彌補，設法將未來重蹈覆轍的可能性降到最低。

情緒自救練習 9

原諒自己的練習(一)：負起責任

為了清楚區分「負責」和「贖罪」，接下來的寫作練習特別分成兩個部分。第一部分協助你準確剖析自己在整件事當中的角色，如此一來，你才能在第二部分的練習中找到辦法去原諒自己的過失。你也可以一氣呵成完成兩個部分的練習。

1. 描述你做了什麼或少做什麼而傷了對方的心。

2. 詳讀自己的敘述，拿掉字裡行間的修飾語或藉口。舉例而言，「她聲稱她受到了侮辱」應該寫成「她覺得受到了侮辱」，「他也對我做過一樣的事情」或「她也太小題大作了」之類的敘述則應整句刪除。

3. 總結對方在實際上和情感上受到的傷害。舉例而言，如果你批評了某位同事，而你的評語對他並不公平，結果導致他被開除了，那麼你就應該提到他的財務困境、他為了找別的工作必須付出的時間與精力、他的自尊受到的打擊，以及他既難堪又委屈、既灰心又喪志的心情。

4. 詳讀前述你對傷害的敘述，確定內容沒有偏頗，盡可能求真求實。切勿輕易放過自己，但也不該把自己打擊得體無完膚。看起來可能違背常理，但儘管有些人會對自己的過失輕描淡寫，卻也有很多人會誇大自己的惡行惡狀。舉例而言，安東妮雅在說起她母親的事情時，一開始說的不是「我開車輾過她的腳」，而是「我知道聽起來很可怕……我開車把她輾過去」，我聽了腦海立刻浮現安東妮雅緊握方向盤、時速飆到一百公里、把她母親整個人輾過去的畫面。沒錯，她母親的腳一定很痛，情緒一定備受刺激，後續的治療也一定很辛苦，但這跟我們聽到有人「被車輾過去」時想像的畫面還是有很大的落差。

要確定你的描述實不實在，有個辦法是想像一個公正客觀的陌生人依你所述為劇本拍片。這部片子刻畫出來的內容和真實情況一模一樣嗎？如果不是，無論哪裡失真都要做出必要的修正。

5. 既然你已如實描述了這件事和你在這當中的責任，現在對你自己公平一點，想想情有可原的理由吧。你是故意要造成這種後果的嗎？如果是，為什麼？如果不是，那你的本意是什麼？舉例而言，安東妮雅絕非故意輾過她母親的腳，而耀西本來沒打算拖三年才向父母坦白，他只是想避免衝突，直到畢業迫在眉睫，他再也裝不下去為止。如果你的本意就是要傷人，那你務必要在第二部分的練習中說明自己的動機，並且針對自己人格上的缺陷下功夫。如果你無心傷人，那事情是哪裡出了差錯呢？

6. 如有任何情有可原的理由，那麼是什麼理由導致了你的行為及其後果？舉例而言，茱蒂和同事去喝一杯的時候，她正好工作壓力特別大，她和布雷克正好在為三個孩子的問題煩惱。結果她一下子喝得太多，導致她比平常更不設防，接受了同事的示好。找理由的重點不在於為自己開脫，而在於了解發生這件事情的脈絡，如此一來，最終你才能基於這些前因後果，找到辦法原諒自己。

原諒自己的練習(二)：贖罪

既然已經好好反省過自己的作為及其前因後果，現在你可以把重心放在原諒自己了。如果無法補償被你傷害的人，要排解過量的罪惡感，最好的辦法就是「扯平」。首先你要確保自己不會重蹈覆轍，接著再透過某種方式為自己贖罪。研究發現，贖罪和補償都是排解過量罪惡感的有效辦法，只要你覺得自己採取的行動能讓雙方「扯平」，彼此互不虧欠⑱。

7. 為了將未來重蹈覆轍的可能性降到最低，你的想法、習慣、行為或生活模式需要做出什麼改變？舉例而言，一再讓孩子失望，已經第五次錯過學校

---

⑱ H. Xu, L. Beue, and R. Shankland, "Guilt and guiltless: An integrative review," *Social and Personality Psychology Compass* 5 (2011): 440-57; J. J. Exline, B. L. Root, S. Yadavalli, A. M. Martin, and M. L. Fisher, "Reparative behaviors and self-forgiveness: Effects of a laboratory-based exercise," *Self and Identity* 10 (2011): 101-26.

的籃球賽或音樂發表會了，內疚的父母或許可以重新評估工作和家庭的優先順位，做出一些調整，讓自己更能充分參與孩子的人生（例如換工作、調職位，或只是重新安排工作時程）。

8. 一旦降低了未來再犯相同過失的可能性，我們就需要透過為自己的行為付出代價或做出有意義的補償，來排除殘餘的罪惡感。其中一個補償的辦法就是和自己約定好，賦予自己一個重要的任務，讓自己有所貢獻或付出，藉此向自己爭取應得的原諒。舉例而言，我輔導過一個十五歲的少女，她對一再從父母的錢包偷錢深感愧疚。發現父母經濟陷入拮据之後，她決定彌補自己的行為。她認定只要自首就會擊碎父母心目中那個「乖女兒」的形象。家裡已經陷入困境了，她在這個時候坦白，只會為他們帶來沉重的情緒打擊而已。由於他們從頭到尾都不知道她會偷錢，她的解決辦法是增加她當保母的時數，把賺來的錢偷偷塞回她母親的錢包裡。同時她也提醒自己，多數從父母皮夾偷錢的青少年根本不會內疚，更別提主動打工還錢給父母了。

另一個例子是我輔導過的一個年輕人，他在深夜開車經過貧民區，急轉彎時擦撞到停在路邊的車子，把兩輛車子給撞凹了。驚慌之下，他沒留字條就逃離現場。事後他對自己的過失愧疚不已，尤其是當他想到那兩輛車的車主很可能沒錢修車。他決定透過捐錢彌補自己的所作所為，他捐了一筆錢給那一區的社區活動中心，也捐了一筆錢給當地的青年輔導計畫，金額遠超過他估計修車所需的花費。

你有什麼贖罪或彌補的辦法呢？有什麼任務一旦完成之後，你就會覺得自己的付出足以換取原諒？

9. 完成贖罪的任務之後，舉行一個小小的儀式以示大功告成。舉例而言，從爸媽那裡偷錢的少女，把最後一張十美元鈔票塞進媽媽的皮夾之後，打算親手煮一頓晚餐，給爸媽一個驚喜，跟他們開心共度第一個不用再內疚的夜晚。你可以從相簿中取出一張被你傷害的人的照片，任務完成後再把照片放回去，如此一來，你就可以名副其實地闔上記憶的相本，為自己的罪惡感畫下句點了。或者，如果你決定捐款或做義工，一樣可以想個「結業儀式」慶祝大功告成，也藉此宣告你的自我懲罰已經完成了。

處方二摘要

・藥名：原諒自己

・用法用量：無論基於什麼原因，若是無法執行處方一，或已經試過處方一，但並未成功獲得由衷的諒解，即可轉而執行處方二。

・療效：減輕內疚與自責。

處方三：放下過去往前走

倖存者罪惡感、分離罪惡感或不忠罪惡感的處理極具挑戰性，因爲我們沒有需要負責或贖罪的地方。說來諷刺，在我們有做錯事的情況下，要得到自己的原諒還比較容易；在我們清清白白、沒做錯事的時候，反而很難原諒自己。話雖如此，就算無法撫平他人的痛苦、彌補他人的損失，我們仍能採取一些步驟，結束自己內心的煎熬。

在我們什麼也沒做錯的情況下，要走出內疚的陰霾，最好的辦法就是提醒自己務必克服罪惡感的諸多理由。下列三個練習是我從這些年來輔導的個案身上整理出來的，他們向我表達了自己是基於什麼樣的感想放下倖存者罪惡感、分離罪惡感和不忠罪惡感。整體來說，這些感想代表了重新把生活過起來的有力理由，並提供了各式各樣我們每個人都可以尋求的管道。

情緒自救練習11

遺族或倖存者罪惡感療癒術

下列寫作練習包含各式各樣的感想，分享這些感想的人曾經受到倖存者罪惡感的折磨，但他們找到辦法走出來了。寫一個簡短的段落，看看有什麼相對應的感想可以套用到你自己的情況中。

1. 莫里斯七十二歲時失去了結縭五十一年的太太，他太太是因心肌梗塞猝逝。「後來我體認到，悲痛了這麼久對我來講並不公平，她一定希望剩下的日子我能好好享受人生。」

2. 希爾維雅乳癌痊癒了，但她最要好的朋友卻因同一種癌症病逝。「我要是不把人生活好活滿，那豈不就跟癌症奪走了兩條人命一樣？我決定不要讓癌症再奪走另一個受害者。」

3. 喬伊是三個孩子的爸爸，本來是他要出門去辦事，結果他太太替他去辦，卻在路上不幸車禍喪生了。「我消沉了好幾個月，感覺就像我心已死。但我體認到自己必須走出來，否則三個孩子會覺得他們連爸爸也失去了。」

4. 在傑洛麥亞的高中足球隊上，他是唯一拿到頂尖大學全額獎學金的隊員。他為此內疚了好幾個月，直到跟他的牧師談過後才解開心結。「牧師讓我明白，如果我拒絕自己得到的禮物和機會，那我就太不知感恩了。對我來講，好好把握才是表達感激最好的辦法。」

5. 珊德拉任職的部門狠狠裁員了一通，她是唯一留下來的員工。「我決定要精益求精，拿出卓越的表現，爬到主管的位置，確保好員工都不會被開除。」

分離罪惡感療癒術

我們再怎麼愛一個人，也有必須以自己為重的時候，分離罪惡感便因此產生。下列寫作練習涵蓋了某些人成功克服或學會處理分離罪惡感的心得。寫一個簡短的段落，看看有什麼相對應的心得可以套用到你自己的情況中。

1. 比利的孩子患有重度肢體障礙。「照顧他的精神壓力很大，實在是令人心力交瘁。後來我想開了：如果我找時間做一些滿足自己的事情，甚至是做一些討自己開心的事情，那麼我能付出的也會更多。」
2. 汪達負責照顧年邁的雙親。「我時時謹記飛機上的安全守則：萬一發生緊急事故，你要先為自己戴上氧氣罩，接著再去照顧別人。如果不把自己照顧好，你就沒辦法照顧別人。」
3. 瑪莎的先生患有重度憂鬱症，每當她要和朋友出去，他就會崩潰大哭。「我就這樣禁足在家好幾個月，直到我明白出門享受人生不是一種冷酷無情的表現，而是在當一個樂觀正向的好榜樣。」

4. 把一對雙胞胎幼兒丟給保母照顧，讓凱姆和貝芙覺得很內疚。「第一次我們前腳剛離開，他們就哭得像殺豬一樣。但我們發覺越是慣著他們，他們就越不獨立、越禁不起分離。所以就算有時候心裡很難過，我們還是要來個雙人約會夜，不只是為了我們好，也是為了他們好。」

情緒自救練習 13

不忠罪惡感療癒術

下列寫作練習，涵蓋了成功克服或學會處理不忠罪惡感的人分享的心得。

寫一個簡短的段落，看看有什麼相對應的心得可以套用到你自己的情況中。

1. 會計師李維是一位正統派猶太教徒，他愛上一個不信猶太教的女人，還跟她結婚了。李維全家族的人都覺得遭到背叛，但感受最強烈的莫過於他父親。「他有這種感覺也是情有可原，但我如果讓他支配我的人生，那他支配的基本上是兩個人的人生，我則毫無支配權可言，而這也是不公平的。」

2. 胡安的天主教父親拒絕接受他是同性戀。「小時候，我父親遭到解雇時，我全力支持他，即使我只是個孩子，而且我自己當時也不好過。只要想起這段往事，我就覺得自己值得從他那裡得到一樣的支持。我無非是忠於自己的性向罷了，所以，我非但沒跟他道歉，還要求他向我表示一點尊重。」

3. 盧卡斯家族裡的小孩歷來都有在家自學的傳統。他母親是在家自學的擁護者，當他為他女兒註冊去念一所私立學校的一年級時，他母親認為自己遭到了否定。「我費盡唇舌解釋也沒用，她反正不能接受。但對我的孩子來講，我知道這個選擇是對的，我不願意因為有人覺得很受傷就犧牲讓步。」

處方二摘要

- **藥名**：重新活起來
- **用法用量**：每當你心裡對放下過去往前走、繼續自己的人生湧現罪惡感時，就服下這整副處方。
- **療效**：減輕內疚與自責。

何時諮詢心理衛生專業人士

如果你已試過本章開出的處方，還是覺得內疚得不得了；如果你基於任何原因，無法落實本章提出的辦法；或是如果罪惡感依舊對你的生活品質和人際關係造成損害，請找心理衛生專業人士評估是否有其他心理因素作祟，例如憂鬱症、焦慮症或創傷後壓力症候群。

如果你覺得要完成處方二的練習太困難了，或者你擔心不能準確評估自己的責任所在，找訓練有素的心理衛生專業人士聊聊事發經過和你的心情，可能會對你有好處。如果你內疚到有傷害自己或別人的念頭，請立即諮詢心理衛生專業人士，或就近至醫療院所求診。

5

反芻思維

狂摳結痂的情緒傷口

一般而言，我們都會去回想痛苦的遭遇，希望透過反思能想得通、看得開，化解內心的煎熬，從此這件事情就「翻篇」了。然而，對許多人來說，在這個回想的過程中，事情卻出了差錯。我們非但沒有解開心中的糾結，反而還落入反芻思維的惡性循環中，一遍又一遍在腦海重播不愉快的畫面、回憶和感受，每重播一次，情緒就更惡劣一點。我們像是困在負面情緒跑跑輪中的倉鼠，沒完沒了地跑下去，卻跑不出個所以然來。反芻思維之所以是一種心理耗損，原因在於這麼做只是無端狂摳結痂的地方，害得傷口二度感染，並不會產生新的領悟治癒傷口。

不幸的是，似乎唯有不愉快的遭遇和感受會觸發反芻思維，正面、愉快的事情偏偏不會。很少人會徹夜不眠，一直回想自己在派對上是如何逗得眾人開懷大笑。老闆稱讚了我們最近的工作表現，我們也不會情不自禁細細回想老闆是怎麼稱讚的。但如果我們不是派對上的開心果，而是派對上的笑柄，或如果老闆在同事面前批評我們的表現，還對著我們咆哮，我們就會反覆咀嚼這件事，咀嚼個幾星期也不厭倦。

反芻思維的危險，不止在於加深一件事情本來就已造成的情緒困擾，而且在於它牽涉到的身心問題層面甚廣、種類繁多①。反芻思維尤其會提高我們陷入憂鬱的風險，而我們一旦陷入憂鬱，反芻思維也會延長情緒的低潮期。它讓人更有可能染上酒癮和罹患飲食失調症。它助長負面思考，並有損問題解決能力。它增加我們心理上和生理上的壓力反應，置我們於罹患心血管疾病的高風險之中。

這幾十年來，心理治療界早已意識到相關危機。儘管如此，許多心理治療師仍苦於不知如何處理個案的反芻思維，因為他們的輔導方式根據的假設是「要掃除盤據思緒的心事，最好的辦法就是說出來」。但當我們有反芻思維的傾向時，一遍又一遍重述相同的感受和問題，即使是在心理師的輔導下，也只會更加激發反芻思維，導致情況惡化。

容我澄清一點，回顧令人痛苦的遭遇未必對我們有害而無益。無庸置疑，有許多反思的方式都很實用，也很適用。問題在於如何區別適當和不適當的反思。再者，具有反芻傾向的人能不能找到辦法，更有效地思考自身的問題和感受，才不至於演變成狂摳自己結痂的內傷，害得傷口好不了？

新一代的研究者對這些問題反覆咀嚼、念茲在茲。幸好，他們對於反芻思維的反覆思量，不止衍生出精采的研究，也帶來了前景可期的新療法。於是，我們終於漸漸揭開不當反芻和有效反思機制的面紗，開始學習如何調整反芻思維，讓反芻思維造成的損害更少、對心理的益處

---

① for a review see S. Nolen-Hoeksema, B. E. Wisco, and S. Lyubomirsky, "Rethinking rumination," *Perspectives on Psychological Science* 3 (2008) : 400-424.

更多。爲了善用這些新的研究結果，我們首先要深入了解反芻思維造成的心理傷害。

反芻思維造成的心理傷害

反覆咀嚼我們的問題和感受、不斷去摳結痂的內傷，造成的心理傷害主要有四種：⑴越想越難過，而且難過的情緒比不去想持續得更久；⑵同理，越想越生氣，並讓氣憤的情緒持續得更久；⑶耗損心力，讓人沒有動力、提不起勁、難以專注、難以有效思考；⑷事隔幾星期、幾個月，有時甚至事隔多年之後，我們仍有反覆傾訴相同事件或感受的需求，這種需求一再考驗旁人對我們的耐心與同理心，置我們的人際關係和社會支援系統於風險之中。接下來，就讓我們詳細認識一下這每一種傷害。

1. 越想越悲情：為什麼反芻思維和悲傷難過是永遠的好朋友？

反芻思維之所以這麼難對付，其中一個原因在於它自我強化的特性。反覆咀嚼相同的問題往往會讓我們更難過，而我們越難過，想要再去回想的衝動就越強烈。這種交互作用，說明了反芻思維爲什麼會置人於罹患臨床憂鬱症的風險中。過度專注在痛苦的感受和遭遇上，不僅壞了我們的情緒，也扭曲了我們的認知，使我們看待人生的眼光更負面，進而導致我們陷入無助與無望。更有甚者，一旦養成反芻思維的習慣，我們只要一反思起來就很容易沒完沒了，即使當下的人生中不盡然有什麼不愉快。

有一個簡單的實驗漂亮地呈現出這種交互作用。科學家請一般常人在尋常的日子裡花八分鐘想想自己的感受②。許多人都可以輕鬆做到，不會因此有任何情緒上的起伏，儘管心裡可能很納悶為什麼要這麼做。但本來就有點難過和慣於反芻的人則表示，在想了八分鐘以後，他們的心情比起之前惡劣許多。再次強調，在這些實驗中，科學家並未刻意操作受試者的情緒，純粹只是請他們想想自己的感受而已。

我輔導過的商務律師琳達就為執著的反芻思維提供了很好的例子。琳達以班上頂尖的成績從一所優秀的法學院畢業，很快就被紐約市數一數二的法律事務所延攬。幾年後，事務所裡的一位資深合夥人力邀她調到他的部門，並加入他的小組。那是琳達至今的職業生涯中最令人激動的一刻，卻也是她走下坡的開始。結果她的新主管是一場夢魘。他吹毛求疵、目中無人，一副高高在上的姿態，愛耍被動式攻擊的手段，優越感很重，同時又要求她和別人付出莫大的時間與心力。他也是個愛吼人的暴躁男，琳達調過來之前不曾見識過他吼起人來的模樣。

②出處同前。

一年過去了，琳達萬分沮喪。她考慮調回原先的部門，但這位新主管一再拿升她為合夥人當誘餌，暗示她只要精益求精、工作得更賣力，幾年內他就會提名晉升她。他給琳達的年度考核成績確實高過平均，但與此同時，他也不斷打壓她、貶低她的貢獻，並公然否定她的努力、在會議上對她大吼大叫，當眾給她難堪。琳達常常回家自己躲在浴室哭。在丈夫的鼓勵之下，她決定和主管把話說開，問清楚自己什麼時候會被提名當合夥人。主管保證只要她繼續好好表現，次年年底他就會提名她。琳達請他白紙黑字寫下承諾，令她喜出望外的是他還真的照做了。

琳達加倍努力。主管終於請她到他辦公室談她的未來時，琳達難掩內心的期待之情。然而，他非但沒有要升她當合夥人，還給她打了很差的年度考績，責備她「鬆懈下來了」（儘管她明明比之前都更努力），還說她別指望當上事務所的合夥人。琳達深受打擊。不久後，她就換到另一家律師事務所了，薪水也因此少了一大截。

到新的事務所任職整整一年後，琳達才來找我諮商，因為即使很喜歡現在的老闆，她就是無法不去回想和舊老闆共事的情景。「我還是一直很難過。」她自陳道：「我老是想起以前開會時，每當我發言他就翻白眼，還有他批評我時一臉嫌惡的表情、他在同事面前吼我時一臉憤怒的表情……」林林總總的片段勾起的痛苦在琳達臉上一覽無遺。琳達先前已尋求過心理治療，但對減輕她的反芻思維與難過的情緒成效不彰。

許多傳統療法都需要當事人鉅細靡遺從各個角度檢視自身遭遇，這麼做其實會加強反芻思維的傾向。諸如認知療法（cognitive therapy）之類的治療方式，較少涉及大量的反思，而是引導當事人辨識負面思維，如此一來，他們就能加以抵抗。然而，就反芻思維而言，這種療法也有它的問題存在，由於為了練習對抗自己的念頭，當事人就必須一再勾起這些思緒。

新近的一項研究就呈現出這個問題。研究人員將憂鬱症高風險族群的大學生分成兩組，一組給予認知療法習作簿，一組給予學業技能習作簿。寫完習作之後，研究人員立即測量參與者的憂鬱指數，並在相隔四個月後再度予以測量。以反芻思維傾向偏高的受試者來說，較之寫完學業技能習作的同學，寫完認知療法習作的同學感覺憂鬱得多③。即使目的是要學習對抗自己的反芻傾向，請具有反芻傾向的人辨識自己的負面思緒和情緒，只會導致他們加倍反芻自己的感受，連帶使得他們心裡更難過。這種難過的感受甚至一直持續到四個月後，適足以證明一旦養成根深柢固的習慣，反芻思維會變成何其頑強的一種衝動。

③ G. J. Haeffel, “When self-help is no help: Traditional cognitive skills training does not prevent depressive symptoms in people who ruminate,” *Behaviour Research and Therapy* 28 (2010): 152-57.

2. 越想越火大：反芻和洩憤如何火上澆油？

氣憤是另一種容易誘發強大反芻衝動的情緒。許多人都會在腦海裡一遍遍重播那些氣壞自己的遭遇。就跟難過的情緒挑起的自我強化循環一樣，我們越是咀嚼氣憤的情緒、越是向人宣洩激怒自己的思緒和遭遇，下場就是惹得自己越來越氣憤，想去反芻那些感受和問題的衝動也變得越來越強烈。

幾年前，我輔導過一位名叫卡爾登的年輕人，他就落入了這種氣上加氣的循環。卡爾登的父親來自貧困的家庭，但在股票市場大賺一筆之後，他就堅持孩子要過優渥的生活。舉例而言，大學畢業後，卡爾登表達了搬到紐約的意願，他父親二話不說，立刻就買了一戶頂樓景觀小豪宅新成屋給他住，並按月給他豐厚的生活費。正如他這些年來一再告訴卡爾登的：「我兒子只配擁有最好的！」

卡爾登試過好幾種職業，借助父親的人脈，他找到一份又一份輕鬆愉快領高薪的美差。然而，由於他既不具備經驗，也不具備資格，無法勝任這些職位，通常每次都做不到一年，公司高層就會委婉地建議他「試試別的」或「另謀高就」，暗示他不適任。面對這種暗示，他不只一次感到訝異。

「我總以為如果我不夠格，這些公司就不會雇用我，但到頭來，他們只是看我父親的面子而已。」我們第一次見面時，卡爾登解釋道：「因為他們心想我反正待不久，所以從來不會告訴我哪裡做得不好，或我該怎麼改進，只會直接請我走人。你不知道每次發生這種事有多難堪！」想起那些回憶，卡爾登氣得鼻孔都撐大了。「我沒向我老爸要房子、要生活費，也從來不曾開口要他幫我找工作，一次都沒有。我只是提到我對某件事情有興趣，接下來我就會接到電話，通知我有個可能的職缺。沒有一個人說這些職位非我所能勝任。我的好爸爸一再推我入坑。『我兒子只配擁有最好的！』」卡爾登苦澀地補上一句，我猜他模仿的是他爸爸的語氣。

卡爾登二十五歲時認識了行銷企劃師索拉娜，一年後他們就結婚了。二〇〇八年秋，他們婚後幾個月，全球都陷入經濟衰退，卡爾登的父親損失慘重。他被迫賣掉卡爾登和索拉娜住的小豪宅，而且不再給他一毛錢的生活費。卡爾登當時正在待業，小倆口變成必須靠索拉娜的薪水和卡爾登銀行戶頭僅剩的存款過活。

「我開始發了瘋地找工作。」卡爾登回憶道：「接下來的六個月，我應徵了幾百個工作，全都沒錄取。這也沒什麼好意外的，畢竟我的履歷表看起來一塌糊塗。我爸一心只想當我的富爸爸，他不在乎這樣會不會搞得我無法經濟獨立，他不在乎這樣會不會毀了我的職業生涯，他不在乎這樣會不會害我變得走投無路！」卡爾登氣得脹紅了臉。「我二十七歲了，身上卻沒有一技之長，沒有任何專業資格，沒有前途可言！他毀了我的人生！我一天到晚都很氣，而倒楣的是可憐的索拉娜。她叫我不要再一直怪我爸了，但每次應徵工作沒上，我的腦海裡就響起他的聲音：『我兒子只配擁有最好的！』我都要瘋了！我要是再拿索拉娜當出氣包，她就會離我而去。她甚至挑明了警告過我。而她要是離開我，我就真的一無所有了！」

困在憤怒的反芻迴圈中，不僅會讓我們時時滿腔怒火，成天沉浸在怨恨之中，也會讓我們大部分時間都很煩躁易怒，彷彿隨時瀕臨火山爆發。憤怒的感受牽動人體的壓力反應，也刺激到人體的心血管系統，久而久之，持續不斷、密集強烈的憤怒反芻思維，就可能提高我們罹患心血管疾病的風險④。

反芻憤怒還有一個更難以察覺的後果，就是它讓我們整個人都很暴躁，以至於我們對一點點的刺激都會反應過度，結果就是我們常將滿腔怨氣宣洩在親朋好友身上。我們對他們發飆。我們在他們面前暴跳如雷。隨便什麼雞毛蒜皮的尋常小事，我們的反應都很誇張。

爲了說明人有多麼容易遷怒到無辜的他者身上，一項研究讓參與者遭遇挫折，接著誘導部分參與者反覆回想受挫經過。相較於受到相同挫折但事後沒去回想的參與者，受挫後反覆回想的參與者表現出惡行惡狀的機率高出許多。即使是跟這件事毫不相干的某個人，氣憤的反芻者甚至會從中作梗，害這個人得不到攸關生計與職涯發展的工作機會⑤。

雖然周遭親友在我們陷入憂鬱的反芻迴圈時也不好過，但我們若是落入憤怒與暴躁的反芻循環，周遭親友（乃至於我們自己）的生活品質往往會受到更大的衝擊。

3. 心力交瘁：反芻思維如何消耗心智資源？

想了又想、一想再想之下，反芻思維大量消耗我們的心力，如此一來，我們的注意力、專注度、問題解決能力、主動性和積極度也隨之受到損害⑥。更有甚者，在心力耗損下做出的錯誤決定，常會讓我們的身心健康都付出慘痛的代價。舉例而言，研究發現女性在摸到胸部的腫塊之後，反芻傾向強的人比沒有反芻傾向者多等了兩個月才就醫⑦，而這兩個月的時間差就有

---

④ B. J. Bushman, A. M. Bonacci, W. C. Pederson, E. A. Vasquez, and M. Norman, "Chewing on it can chew you up: Effects of rumination on triggered displaced aggression," *Journal of Personality and Social Psychology* 88 (2005): 969-83.

⑤ 出處同前。

⑥ S. Nolen-Hoeksema, B. E. Wisco, and S. Lyubomirsky, "Rethinking rumination," *Perspectives on Psychological Science* 3 (2008): 400-424.

⑦ S. Lyubomirsky, F. Kasri, O. Chang, and I. Chung, "Ruminative response styles and delay of seeking diagnosis for breast cancer symptoms," *Journal of Social and Clinical Psychology* 25 (2006): 276-304.

可能危及性命。針對癌症患者和冠狀動脈疾病患者的研究則發現，比起罹患類似疾病但不會反覆思量的人，具有反芻傾向的人對療程的配合度較低⑧。

反芻思維導致我們沉浸在負面情緒中，直到我們被這些情緒耗盡心力，開始更灰暗地看待過去和未來，乃至於整個人生。悲觀的眼光接著又導致我們認爲自己的問題無法解決、想不出解決的辦法，即使想出來了也不去做。我們或許能發覺某些改善情緒的活動對自己有幫助，但儘管如此，我們也變得比較沒有意願從事這些活動。

這就導致某些人向酒精或其他物質尋求慰藉。這些年來，我輔導過的許多反芻個案都表示，喝酒緩和了他們火爆的脾氣，也讓周遭親友的日子比較好過。雖然喝杯小酒有可能放鬆情緒，讓我們對待他人較爲和顏悅色，但問題是你能不能謹守只喝一杯的原則，還是你會忍不住去喝第二杯、第三杯、第四杯……。一旦要靠酒精管理情緒，我們的飲用量就不可能一直保持在有節制的限度裡。越是依賴酒精，我們的衝動控制力就越差，也就越可能以具有破壞性的方式表達憤怒和敵意。

踏上酗酒或酒精依賴之路的第一步，往往是意圖排解反芻思維導致的惡劣情緒，卻用錯了方法。有些人可能會用暴飲暴食讓自己好過一點，或演變成大吃大喝之後再催吐。但無論我們是向食物、酒精或其他物質尋求慰藉，反芻思維只會導致惡劣的情緒一直未獲處理，而我們也只會提高自身長期身心受創的風險。

4. 緊張的人際關係：周遭親友如何為我們的反芻思維付出代價？

反芻思維的消耗力之強大，我們常忽略了自己不斷宣洩、反覆訴苦的需求對親友的影響，也忽略了自己對身邊最重要的人際關係造成的壓力。此外，我們通常不會將傾訴的需求平均分配給不同的對象，而是將所有的感受都對著以往最支持我們、最能同理我們的人抒發，把不成比例的負荷都加諸在這個人身上。就算這個人再怎麼關心我們，同樣的事一提再提，最終總會耗盡對方的耐心與同理心，甚至惹得對方對我們也產生惱怒與氣憤的情緒。當我向個案指出這些危機時，他們勉強承認旁人是有可能失去耐心，但他們還是不認爲這會惹惱或激怒別人。

要了解爲什麼會發生這種情形，我們則需考量到對親朋好友來講，爲在乎的人提供精神上的支持與協助，是親近密切的人際關係中最令人滿足的部分。幫助自己在乎的人不止讓我們自我感覺更爲良好，也增強了雙方的感情、提升了雙方的信任與忠誠，並讓我們覺得在這個世界

---

⑧ P. Aymanns, S. H. Filipp, and T. Klauer, "Family support and coping with cancer: Some determinants and adaptive correlates," *British Journal of Social Psychology* 34 (1995): 107-24.

上活得有價值、有意義。

不妨站在親友的立場試想一下，一再提起之前已經聊過很多次的想法和感受，我們等於是在間接告訴身邊的人，先前他們提供的幫助到頭來都沒有用，因爲我們現在又要他們整個重來一次了。如果我們期待他們重複相同的努力，那就表示他們頂多只能給我們一時的安慰，但效果顯然不持久。對一路支持我們的親朋好友來說，他們或許不至於覺得一番好意都被辜負了，但他們仍可能隱約有種悻悻然的感覺。

再者，對於一個人在遇到不如意後該難過多久，我們每個人心中都有一把尺。一旦時限已到還被迫要傾聽、被迫要支持，我們或許會基於責任、義務或罪惡感而表現出支持與同理，但心裡可能覺得不甘不願，甚或有點惱怒。

我曾輔導過一個年輕人，他的未婚妻在結婚前幾星期甩了他。接下來一年多，他和哥兒們的話題總是不離這件事。就我的觀察，朋友們已經對他滿腦子前未婚妻的自言自語表現出各種失去耐心的跡象了。他們開始改變聚會的性質，避免從事打小白球、共進晚餐或酒吧小聚等促進聊天的活動，轉而提議看電影、打籃球或踢足球等不必交談的活動。不幸的是，這個年輕人絲毫沒察覺到朋友們的暗示。我向他提出警告，說他的朋友可能越來越不爽了，但他也沒把我的警告當一回事。就在一場籃球賽中，當他第無數次提起相同的話題時，他的一個朋友氣到停下比賽大吼道：「拜託，大哥！有點男人的樣子好嗎？」吼到一半還把籃球朝我的個案臉上砸過去，當場砸斷了他的鼻子。

顯然，這位朋友的怨氣已經積了好幾個月，終於達到沸點了，但他從來不曾表示我的個案沒完沒了的反芻對他造成負擔。誠然，他的朋友們沒一個明白表示過。話說回來，這位發動攻擊的朋友確實得到應有的懲罰了。因爲接下來的五個小時，他就在急診室聽我的個案帶著鼻音，一面反覆重述被前未婚妻甩了有多傷心，一面還要小心吸飽了血的紗布從鼻孔噴出來。

當然，聽我們的傾訴聽到耳朵長繭時，很少有朋友會氣得對我們丟東西，但這並不表示他們不想這麼做。密集強烈的反芻往往會讓人一心只顧自己的情緒需求，渾然不覺身邊的人和自己的人際關係都因此受累了。

治療反芻思維心理傷害的四帖處方和使用原則

人生遭逢不如意之後，我們自然會在腦海中反覆回想。但滿腦子想之不盡的強度和頻率，一般應該會隨著時間減弱和降低，所以通常並不需要治療。但如果經過一段時間，回想的頻率和情緒的強度始終居高不下，我們就該設法打破反芻思維的循環，採取情緒急救的措施。現在，讓我們打開心理急救箱，看看有哪些治療的選項。

爲了打破反芻思維自我強化的特性、讓情緒的傷口癒合，一旦反芻思維的循環被觸發，我們就必須立刻掐斷自己的念頭。我們也應該從源頭減弱反芻的衝動，降低自身感受的強度，阻止這些感受爲反芻思維火上澆油。我們也要多多注意自己的人際關係，減輕我們有可能對親友造成的情緒負擔。

以下處方依服用的先後順序排列。處方一（改變觀點）著重於減輕反芻衝動的強度，處方二（分散情緒痛苦）著重於減少反芻思維的頻率（一旦反芻的衝動沒那麼強烈，頻率要減少就會比較容易），處方三（重構憤怒）專門對付反芻思維激起的憤怒與攻擊衝動，處方四（經營友誼）的作用是提醒我們注意自己和支持者之間的關係。

處方一：改變觀點

爲了釐清恰當和不當的自我反省之間的差異，科學家開始探究反思的機制，一窺人如何反思痛苦的感受與遭遇。這時，有一項舉足輕重的要素浮上了檯面。這項要素就是我們在回想痛苦經歷時所採取的觀點⑨。

在分析痛苦的經歷時，我們自然會從「自我沉浸」（self-*immersed*）的角度，透過自己的眼光看待一切（所謂的「第一人稱觀點」）。用這種方式分析自己的感受，往往會讓回憶以敘述體的形式展開（亦即實況轉播事發經過），並激起強度近似於事發當下的情緒。

但當研究人員請受試者採取「自我抽離」（**self-*distanced***）的角度（亦即第三人稱觀點），透過旁觀者的眼光看待自身遭遇，結果就有了驚人的發現。受試者不再只是重述事發經過和事發當下的感受，而是開始重構自己對這件事情的理解，並透過不同的方式重新詮釋同一件事，爲自己帶來新的領悟與一切到此爲止的了結感。當研究人員請受試者採取自我抽離的觀點，想一想事情「爲什麼」會發生，而非事情是「如何」發生的，得到的成效甚至更爲顯著。

在許多研究中，研究人員請研究對象分析痛苦的經歷時，比起抱持自我沉浸觀點的研究對象，把自己抽離開來的研究對象情緒緩和得多。此外，後者的血壓較無反應（飆升的幅度較低，且較快恢復正常標準），顯示採取自我抽離觀點可降低人體的壓力反應，比較不會對心血管系統造成刺激。好消息還不止如此。在事隔一星期的後續追蹤當中，相較於採取自我沉浸觀點的人，採取自我抽離觀點的人表示回想痛苦經歷的頻率大幅降低，而且就算眞的回想起來，他們的情緒也不那麼痛苦了。不管是憂鬱性質的反芻思維，還是憤怒性質的反芻思維，這些研

---

⑨ O. Ayduk and E. Kross, "From a distance: Implications of spontaneous self-distancing for adaptive self-reflection," *Journal of Personality and Social Psychology* 98 (2010): 809-29.

究成果都是成立的⑩。

初次讀到這些研究發現時，我立刻就想到琳達，亦即反覆回想前主管惡劣行徑的那位律師。琳達談到自己眼前是如何浮現前老闆的神情（例如：「我老是想起以前開會時，每當我發言他就翻白眼。」），她的陳述明白顯示她是透過自我沉浸的眼光回顧這段經歷，而非透過自我抽離的眼光。我很好奇轉換觀點會不會影響她的反芻思維。我告訴琳達要如何扭轉她的反芻思維，改採自我抽離的觀點，並建議她在這麼做的時候要盡可能公正客觀，直到我們兩星期後的下一次會談爲止。

下一次的會談，琳達掛著燦爛的笑容走進門。甚至還沒坐到沙發上，她就宣布說：「成功了！」上次會談後的第一週，每當想到前主管，她就勤練自我抽離的觀點。接著，她補充道：「但很快的，情況就有了改變。我過了幾天才發覺，但我想起他的次數比平常少了很多。」更棒的是，就算琳達眞的想起前主管，她也沒之前那麼難過，而且比較容易揮開自己的念頭了。她也發覺，萬一這些念頭盤旋不去時，她也比較容易用處方二的辦法分散自己的情緒。改變觀點和分散情緒兩帖藥方加起來，在短時間內就對減少她的反芻思維大有幫助。

---

⑩ E. Kross and O. Ayduk, "Facilitating adaptive emotional analysis: Distinguishing distanced-analysis of depressive experiences from immersed-analysis and distraction," *Personality and Social Psychology Bulletin* 34 (2008): 924-38.

觀點改變術

跟自己所反芻的主題拉開心理距離、改採更跳脫出來的觀點，這種技巧是需要練習的。當你有時間和空間不受打擾地完成此項練習時，針對每個誘發無謂反芻的主題或經歷，練習一下觀點改變術。

舒服地坐下或躺下，閉上眼睛，回想某一幕勾起反芻思維的場景或片段。把鏡頭拉開，看見在那幅畫面中的你自己。如果畫面分成兩個地方（例如你在講電話），那就想像有兩個分開的螢幕，同時讓你看見自己和另一個人或地點。一旦看見在畫面中的自己，就把鏡頭拉得更遠，隔著更遠的距離去看這幅畫面。彷彿你只是一個剛好經過的路人，從遠處旁觀眼前展開的畫面。

每次不小心又想起這件事，請務必保持一樣的旁觀眼光。

處方一摘要

・**藥名**：改變觀點

・**用法用量**：趁不會受到打擾的時候練習這帖處方中的技巧，每當你又反芻起來時，就堅持不懈地拿出這個技巧來用。一旦反芻思維激起的情緒強度減弱了、反芻的衝動消退了，就把重心放在運用處方二，在任何反芻思維一冒出來時就掐斷自己的念頭。

・**主要療效**：減少憂鬱和憤怒的反芻思維，修復受損的心力和腦力。

・**次要療效**：減輕生理上的壓力反應。

處方二：轉移對痛苦情緒的注意力

即使反芻的衝動已經減弱了，要在一連串反芻的念頭一冒出來時就掐斷它，挑戰性還是很高。即使已經充分意識到反芻思維的危害，我們常常還是會縱容自己的反芻衝動，主要的原因在於當人發覺自己在反芻的時候，情緒往往已經翻騰不已了。這時要直接把反芻思維壓下去不止困難，我也不建議這麼做。針對壓抑自己的念頭，數十年來的研究都顯示：一個人越是拚命逼自己不要去想，結果只會讓自己更忍不住去想而已。

在一個如今已被奉爲經典的實驗中，研究人員請實驗對象不要去想大白熊五分鐘，萬一想了就按一下鈴⑪（選擇大白熊沒有什麼特別的原因，只因這不是一般人常會去想的東西；也或許因爲這項研究是在德州做的❶）。結果實驗對象平均不出幾秒鐘就按鈴了，而且通常之後還會重複按鈴。更有趣的是，五分鐘的時限一到，當實驗對象獲得允許，高興想什麼就想什麼的時候，他們的思緒往往會有反彈的作用，導致他們卯起來想大白熊，比科隆戴克冰淇淋車的司機想大白熊想得還多❷。自從原先的這個大白熊實驗以來，許多研究都證實了：努力壓抑不請自來的念頭，很可能導致類似的反彈效應，以至於我們稍一不慎，本來試圖趕走的那個念頭就會有報復性的反彈。

---

⑪ D. M. Wegner, D. J. Schneider, S. R. Carter III, and T. L. White, "Paradoxical effects of thought suppression," *Journal of Personality and Social Psychology* 53 (1987): 5-13.

❶ 當初這項研究真的是在德州做的，不過德州和大白熊沒什麼特殊淵源，作者這麼說意在強調選大白熊純屬偶然，沒有什麼特別的原因。

❷ 科隆戴克（Klondike）為美國冰品廠牌，其商標為一隻大白熊，科隆戴克冰淇淋車的車身上即印有大白熊標誌。

用「壓抑」來對抗反芻思維，就像發射空包彈一樣起不了作用，事實證明，用「分心」當武器就有效得多⑫。已有諸多研究證實，令人渾然忘我或需要專心的活動可打斷反芻思維，例如或溫和或激烈的心肺運動、社交活動、玩拼圖或打電玩。研究也發現，轉移注意力有助於恢復思考品質和問題解決能力，因爲一旦停止反芻，我們很快就能重拾動腦動得有效益的能力。

雖然社交活動或看電影可以分散心思，我們卻不一定有時間去做這些事情。然而，一些短暫而不費力的小活動，也能有效打斷反芻思維。舉例而言，你可以花幾分鐘做個小小的腦力運動，像是用手機玩一下數獨，或想像一下附近超市的平面配置⑬（第二排是清潔用品和沐浴用品、第五排是科隆戴克冰棒……）。研究發現這不僅能打斷反芻思維，也能改善心情。

依具體情況（例如我們是在家或在辦公室、坐在書桌前還是在搭地鐵）和反芻的特性而定，要找出分散注意力最有效的方式，可能需要不斷的嘗試和犯錯，因爲我們不見得清楚各種活動或腦力運動有多令自己投入。只要有可能，我們就該事先測試一下有可能轉移心思的法寶，看看在最容易陷入反芻思維的情境中，哪一種法寶最有用。可供選擇的法寶越多，折磨我們的反芻思維列車就越能成功改變行駛方向。

---

⑫ S. Nolen-Hoeksema, B. E. Wisco, and S. Lyubomirsky, "Rethinking rumination," *Perspectives on Psychological Science* 3 (2008): 400-424.

⑬ 出處同前。

找出能分散心思的法寶

針對每個你會無謂反芻的主題或經歷，完成此一寫作練習。

1. 寫下最常勾起你反芻思維的地點和情境。
2. 針對每一個地點和情境，盡可能多列一些轉移注意力的法寶，短時間和長時間的法寶都列出來，前者如玩數獨或想像超市的平面配置，後者如心肺運動或看電影。

列完這份清單之後請隨身攜帶，有需要時就可以拿出來看，即使你有自信不帶清單也記得自己列的內容。別忘了，人一旦陷入激烈的反芻思維中，我們的思緒就不見得那麼清楚了。

處方二摘要

・藥名：分散情緒痛苦
・用法用量：列出對你有用的分心妙計，只要發覺自己落入反芻循環就立刻拿出來用。
・療效：將憂鬱和／或憤怒的反芻思維造成的衝擊降到最低，修復受損的心力和腦力。

處方三：重構憤怒

在《老大靠邊閃》（*Analyze This*）這部電影中，比利・克里斯托（Billy Crystal）飾演的身心科醫生鼓勵一位控制不住脾氣的病患「打枕頭」出氣。這位由勞勃・狄尼洛（Robert De Niro）飾演的病患剛好是黑幫老大，他聽了醫生的建議，掏出槍來對著枕頭打出一圈彈孔。身心科醫生嚇得魂飛魄散，他強自鎮定地問：「心情好點了嗎？」黑幫老大想了想，回覆道：「好點了。」

就連心理衛生專業人士都普遍抱持「洩憤就能消氣」的論調，主張只要發洩一下就能改善心理狀態。數十年前，像比利・克里斯托飾演的那種治療師，就開始鼓吹大眾攻擊溫和無害的物品來宣洩怒氣。從那之後，全天下的枕頭就一直不得安寧。

的確，洩憤的「退火方法」已然衍生出各式各樣的「療癒」玩具，大人、小孩的皆有。舉例而言，有一系列栩栩如生的塑膠人偶就配有堅固的塑膠球棒，孩子們可以用它來「健康地」表達憤怒，辦法是拿那根球棒狂打人偶的臉部和頭部。上一次我目睹的打人偶心理療程，主角是一位年僅七歲的火爆小浪子，他毫不留情地對著人偶狠揮球棒，而他的心理師站在一旁說：「這就對了，你超不爽爸比的，是吧？」如果你問我，我會說這對家庭的和諧不甚有利。

針對用洩憤來消氣的效果，學界已有大量的研究，而諸如此類的研究得出的結論基本上是一致的——這種退火方式不止大錯特錯，而且還是有害的⑭！在近期的一項研究中，怒火中燒的參與者被分成三組。研究人員請第一組邊想著激怒他們的人邊打沙包，第二組邊想著一個中立的對象邊打沙包，第三組則什麼也不做。結果第一組在事後比另外兩組人都覺得更氣，也

⑭ B. J. Bushman, “Does venting anger feed or extinguish the flame? Catharsis, rumination, distraction, anger, and aggressive responding,” *Personality and Social Psychology Bulletin* 28 (2002): 724-31.

表現出更多的攻擊、報復行為（這對那位火爆小浪子的「爸比」來說實在不是好消息）。事實上，火氣最小、最少表現出攻擊行為的，是什麼都不做的那一組參與者。

藉由攻擊溫和無害的物體洩憤，只會加強我們在盛怒之下的攻擊衝動而已。無數在不經意間用揮棒和捶枕頭加強孩子攻擊衝動的父母，尤其應該注意這一點。

那麼，我們該如何管理憤怒呢？

調節憤怒之類的情緒，最有效的策略就是在腦海裡重構整起事件，改變這件事的意義，讓它顯得不那麼令人氣憤⑮。為同一件事重新賦予較為正面的詮釋，我們就能藉此轉化內心對這件事的感受。以史上獲得最多奧運獎牌的游泳選手麥可．菲爾普斯（Michael Phelps）為例，在重大賽事之前，媒體上常有競爭對手會對他出言挑釁。在幾次訪談中，菲爾普斯都談到自己受人挑釁時如何處理憤怒的情緒。當教練向他耳語：「對，你很氣那個德國選手，很氣很氣。」菲爾普斯不會氣得去捶泳道分隔線，而是在腦海裡重構自己面臨的處境，把對手的挑釁視為動力，激勵自己加倍努力訓練，全神貫注著眼於實際的比賽上。

重構儘管有效，許多人卻使不出這個技巧，因為要重新用正面的方式詮釋負面的經驗未必容易。以父親破產導致他失去經濟來源的卡爾登為例，他很氣父親先前插手他找工作的事情，以至於他滿腦子只能想到父親的多管閒事。不斷的反芻又將他的憤怒膨脹到一點挫折都受不了的地步，使得妻子索拉娜深受他的暴躁易怒之害。卡爾登要有辦法用不那麼憤怒的心態看待自己的處境才行，但即使在我向他解釋這麼做的重要性之後，他還是沒辦法用積極正面或較爲和緩的態度重構自己的處境。我設法爲他指出正確的方向。

「卡爾登，你擁有一流大學的學士學位。過去五年來，你把自己有興趣的領域都試了一輪。即使任職的時間很短，但你確實都親身體驗過了。這些經驗肯定能幫你釐清哪個是最吸引你的職業選項吧。」

「當然，但那有什麼用呢？要是沒有父親大人從中牽線，我永遠也得不到自己眞的很想要的工作。」

「你說的沒錯，但這正是你很氣令尊的原因。他幫你爭取到你無法勝任的工作，而不是讓你去累積你需要的經驗。在眞實的世界裡，別人可不是站在跟你一樣的起點上。別人是從基層開始往上爬。」

---

⑮ O. P. John and J. J. Gross, "Healthy and unhealthy emotion regulation: Personality processes, individual differences, and lifespan development," *Journal of Personality* 72 (2004): 1301-33.

「我如果現在去從基層做起，那這五年可不是全都浪費掉了？這就是我受不了的地方！」

「嗯哼，不盡然喔。這五年幫你認清自己想要追求什麼。如果把之前的經驗當成爲自己釐清方向的實習機會，你或許就會覺得一切都很値得。既然你知道自己要什麼了，那你就可以從基層開始做起了。」

「你不懂嗎？」卡爾登理智斷線了。「我就是不想從基層做起啊！」

「我知道。」我柔聲回應道：「令尊也不想。他爲你省去了你自己也不想走的一段路，他的出發點眞有那麼糟糕嗎？」

卡爾登一副被雷打到的模樣，本來脹紅的臉瞬間刷白。他從未想過父親的出發點就跟自己一模一樣。然而，一旦他能將父親的介入視爲一片好意，而不是視爲一種控制，並將他的工作經驗視爲一種啓發，而不是一種浪費，他就有了很大的改變。他的反芻思維、憤怒情緒和暴躁易怒，很快就都煙消雲散了。他開始找更適合他這種生手的職位，不出幾個月，他就憑自己的力量找到了第一份工作——那是金字塔底層的初階職位，而卡爾登再滿意不過。

重構需要我們換個角度，重新看待同一件事，改變這件事的意義，隨之改變我們對這件事的感受。雖然本單元談的是降火消氣，但重構也有助於排解憂鬱、失望或受害的心情。舉例而言，琳達如果在前一家律師事務所獲得晉升，那她至今都還在爲那位惡主管工作。退出前公司令她灰心失意，但這麼做卻大大改善了她的生活品質。不再認爲前主管的行爲「毀了我」，轉而認爲這段經歷自有它的用處，也淡化了她深受其害的感覺。

情緒自救練習16

重構令你憤怒的處境

雖然反芻的情形因個別條件而異，但在練習重構時，仍有某些主題和原則可以套用到各種狀況上。用下列四點建議，幫自己找出重構個人處境的辦法，以減輕憤怒或憂傷的情緒。

1. 找出正面的動機。就像卡爾登的父親是出於一片好意，我們不爽的對象多半都有一些足以彌補過失的特質，不管他們的言行舉止對我們造成什麼影響，他們的出發點都可能是一片好意。找出這些良善的動機，有助於我們採取不同的眼光，從而緩和情緒的強度。

2. **從危機中找到轉機**。當今有許多公司都要求管理階層在給員工評語時，重新將缺點詮釋為「機會」。這麼做能讓員工較容易接受負評，又不打擊員工的士氣。這種管理技巧之所以很成功，原因就在其中暗藏的普世真理——逆境也是進步的機會，我們可藉機改進自己、重新評估狀況、改變方向、或解決本來就需要解決的問題。

3. **擁抱學習的時刻**。勾起反芻思維的情況通常有很多值得我們學習的東西。承認自己做錯的地方，避免未來重蹈覆轍，將逆境視為一道需要發揮創意解開的謎題，分清楚誰可以信任、誰不能信任，找出自己的強項、短處和弱點，從而提升自信，省去未來的挫折和痛苦……，這些都是可貴的教訓。

4. **將冒犯我們的人視為需要幫助的人**。宗教信仰堅定的人在受到冒犯時，往往能將不愉快的狀況解釋為對方顯然需要幫助，所以，我們非但不值得為他生氣，反而還要為他禱告。近來有一系列的研究檢驗了禱告降火消氣的威力（研究方法有科學根據，研究結果也通過了匿名同儕審查程序），發現只要禱告的內容本質上是正面的，我們透過禱告就能有效調節情緒⑯。聽起來儘管令人躍躍欲試，但祈禱對方被大卡車撞並不會令我們消氣，因為這種退火方式就等同於拿槍射枕頭。

針對沒有宗教信仰的人，世俗版的做法（儘管未經科學證實）是將冒犯者視為情緒有障礙的人，體諒他需要心理方面的幫助或治療。

⑯ R. H. Bremner, S. L. Koole, and B. J. Bushman, "Pray for those who mistreat you: Effects of prayer on anger and aggression," *Personality and Social Psychology Bulletin* 37 (2011): 830-37.

處方三摘要

- **藥名**：重構憤怒
- **用法用量**：用在反覆勾起憤怒或憂傷的情境、回憶或事件上。寫下重構過的想法，每當反芻念頭又冒出來的時候，你就可以隨時拿出來看。
- **療效**：降火消氣，減少圍繞著憤怒情緒的反芻思維（亦可用於其他造成情緒痛苦的反芻思維），修復受損的心力和腦力，減輕生理上的壓力反應。

處方四：避免將親友當作你的情緒垃圾桶

反覆跟親朋好友談論一樣的問題，不僅考驗親友的耐心與同理心，也有可能讓親友對我們心生不滿。為了維護這些人際關係，我們必須評估自己是否帶給別人過重的負擔，壓得那些在情感上給我們支持的人喘不過氣。

情緒自救練習 17

評估人際關係受到的壓力

一一針對周遭給你支持的親朋好友，回答下列問題，並在必要時採納下述建議，採取相關的行動。

1. 你所糾結的那件事情，已經過去多久了？

人生中有些事情顯然會造成很重的創傷，事後可能盤據我們的思緒和情緒長達數月，乃至於數年。然而，平常我們反芻的事情多半都不屬於這一類，要知道旁人會期望我們在一定時間內就平復過來。以分手為例，根據一般的經驗法則，每交往一年，分手後就要花一到兩個月療傷。如果一段感情延續了三年，到了分手之後，一開始我們可能會很密集、強烈地反芻分手的過程和原因，但在三到六個月內，我們就該從這當中平復過來了。過了一年之後，如果我們和親友的談話還是被同樣的主題占據，那麼，對於自己持續和旁人探討分手過程和原因的行為，我們就該好好檢討了。

2. 這個話題，你和同一個人已經談過幾次了？

需要尋求旁人的支持時，每個人心目中都會有優先去找的對象。一有什麼心事，我們就想找這個人聊。然而，當我們太常談論相同的反芻念頭、事件和感受時，這個傾訴對象也是最有可能精神疲勞的人。較為明智的做法是善用其他社會支持資源，將壓力分散一下，免得我們最常去找的對象負荷過重。

3. 這個人在你面前能不能暢談自己的問題和困擾？

如果你和某個朋友的談話過於單方面，而且都是你在聊自己的問題，你很少聽到朋友聊他的問題，這段友誼可能就岌岌可危了。為了確保平衡，你也要找時間問候朋友的近況，而且整段對話的重點都要完全放在對方身上。當你試圖這麼做的時候，如果朋友反過來問候你，只要予以簡短回應即可，之後就重新把談話的重點放回對方身上。

4. 你和這個人的談話，有多少比例是被你所反芻的主題占據？

我們往往要到事後回顧起來，才會意識到自己和朋友的談話被反芻的主題占據到什麼程度。把自己視為受害者，讓負面情緒左右我們的人際關係，彷彿親朋好友就是用來聽我們訴苦的，不僅不利於我們的人際關係，也不利於我們的心理健康。只要有可能，請務必保持輕鬆閒聊、愉快相處和共度一段歡樂時光的平衡。

處方四摘要

- **藥名**：放親朋好友一馬
- **用法用量**：定期評估為你提供支持的人際關係是否健全，必要時採取行動修復受損的情誼。
- **療效**：評估並修復備受壓力的人際關係。

何時諮詢心理衛生專業人士

如果你已試過本章開立的處方，但你的反芻衝動還是很強，或者你發覺自己反芻的頻率還是跟之前一樣，又或者反芻思維密集、強烈到令你無法專心做事，對你基本的工作和生活能力都造成干擾，則請尋求心理衛生專業人士的建議。如果你情不自禁冒出來的念頭與痛苦的遭遇無關，而是跟感染病菌、忘記鎖門、出門前有沒有關上瓦斯之類的事情有關，心理衛生專業人士可協助評估你是否有強迫症的症狀。

反芻思維和憂鬱症也有密不可分的關係。如果你覺得自己可能得了憂鬱症，而且有情緒持續低落、對改變自身處境感到無力、對事情會不會好轉感到絕望、飲食與睡眠模式混亂之類的症狀，不妨請心理衛生專業人士評估，看看你需不需要專業的治療[3]。如果在任何一刻，你曾痛苦、悲傷或氣憤到萌生傷害自己或他人的念頭，則請立即尋求專業協助，或就近至醫療院所求診。

[3] 以台灣而言，讀者如需此類評估，請找臨床心理師做心理衡鑑。

6

失敗
情緒感冒如何惡化成心理肺炎

在長大成人的歷程中，沒有人不是歷經千百次的失敗。而在長大之後的人生中，還有更多的失敗在等著我們。失敗是這麼普遍的一種人類經驗，普遍到人與人之間的差異不在於失敗與否，而在於我們面對失敗的反應。在學步兒身上觀察到的差異格外明顯，他們是最常一再面臨失敗的人了。屢試屢敗、屢敗屢試是學步兒主要的學習方式之一。幸好，學步兒一般都意志堅定、堅持不懈（否則我們永遠也學不會走路、說話或任何事情），但他們面對失敗也可能表現出大不相同的反應。

想像有四個寶寶在玩一樣的泰迪熊驚喜盒。爲了打開盒子，讓盒子裡可愛的泰迪熊彈出來，他們要將盒身側邊的按鈕撥到左邊。他們知道撥了按鈕就會有動靜，但把按鈕撥過去是一項複雜的技能。一號寶寶先是拉了拉按鈕，按鈕沒動，接著她用力一推按鈕，盒子被推得滾了出去，她伸長了手也搆不著，於是她別過頭去，玩起自己的尿布來了。二號寶寶弄那顆按鈕弄了一會兒，弄來弄去都不成功，他往後一坐，盯著盒子，下唇顫抖，不再嘗試打開它。三號寶寶先是試圖用蠻力從頂部撬開盒子，接著拉了拉按鈕，她不屈不撓地試了各種辦法，試了十分鐘後——成功了！按鈕撥了過去，彈簧彈開，泰迪熊砰一聲跳了出來。她興奮尖叫，把泰迪熊塞回盒子裡再玩一次。四號寶寶看到三號寶寶打開了她的盒子，他氣得脹紅了臉，掄起拳頭捶他自己的那個盒子，哇哇大哭起來。

身爲成年人，我們面對失敗的反應往往非常類似（儘管很少人會轉而訴諸玩尿布）。失敗會讓我們認爲目標遙不可及，導致我們太快就放棄（就像盒子滾出去的一號寶寶）。有些人失敗後便意志消沉，變得裹足不前、消極被動、徬徨無助（就像選擇放棄的二號寶寶）。有些人屢敗屢試，直到成功爲止（就像三號寶寶）。還有些人變得壓力太大、太在意自己的表現，以至於無法好好思考（就像哇哇大哭的四號寶寶）。

人生要成功，身心靈要幸福快樂，學會如何面對失敗是一大關鍵。儘管有些人面對失敗的態度很好，但也有許多人無法面對失敗。失敗總是很傷人，失敗總是令人失望，但失敗也可以是富有學習機會和教育意義的成長經驗，只要我們欣然接受失敗，釐清下一次該怎麼做，並堅持不懈地追求自己的目標。然而，就如同許多我們在日常生活中置之不理的心理傷害，忽視失敗造成的創傷有可能導致病情惡化，有時甚至病入膏肓。

雖然在早年的人生中，我們就已建立起各種面對失敗的方式，但我們絕非注定要步上自己在學步期的後塵。就連那些以最失敗的方式面對失敗的人，都能學會採取更有助益、對心理健康比較好的應對風格。然而，爲了這麼做，我們要先了解失敗造成的影響和心理傷害，以及治療這些傷口要面臨的情緒挑戰。

失敗造成的心理傷害

失敗就相當於情緒上的感冒。人難免有感冒的時候，感冒時我們也都會覺得很難過。感冒通常都會復原，因為我們一旦感冒就會調整自己的作息——好好休息，多喝溫水，穿得保暖一點。若是全然置之不理，病情可能就會惡化，有時還會演變成肺炎。在遭逢失敗時，我們的心理健康也面臨類似的危險，但卻很少人知道要在心理上好好休息、多喝溫水、穿得保暖一點。結果就是有許多的失敗經驗都造成了不必要的心理傷害，而這些傷害對情緒健康的影響遠比失敗事件本身還大。

失敗造成三種需要情緒急救的心理傷害：⑴它打擊自尊，讓我們對自己的能力、才華和本領做出失準、扭曲的判斷。⑵它折損信心、消磨動力、化樂觀為悲觀，讓我們感覺受困、無助。⑶它形成下意識的壓力和恐懼，從而在不知不覺間破壞了我們日後所做的努力。

許多人之所以常懷失敗留下的心理傷害，原因在於只要失敗個一、兩次，就足以啓動整個惡性循環。更有甚者，當某次失敗對我們來講格外重大或別具意義，將傷口置之不理就有可能演變成心理併發症，例如深深的羞愧感和無力感，甚至是臨床憂鬱症。而不管哪一次，失敗對我們來講往往都很嚴重。所以，一開始只是單一失敗事件（一次小小的情緒感冒），後來卻能演變成心理肺炎，影響到我們的整體功能，導致心理健康更為惡化。

1. 親愛的，我把自尊縮小了❶：面對目標，為什麼我們覺得自己很渺小？

長久以來都有棒球選手表示，當他們連續擊出安打時，棒球在他們看來似乎真的變比較大顆（所以比較容易擊中）。無怪乎當選手陷入打擊低潮時，他們會說棒球變得比較小顆、比較難擊中。多數心理學家都不把這種說法當一回事，或許因爲棒球選手是出了名的迷信。有些選手贏球之後不洗內褲，免得把好運洗掉。有些選手跟球棒同床共枕，以求突破打擊低潮。你大可猜猜有多少棒球選手的太太因此去睡沙發。

當心理學家終於決定要用科學方式研究這些選手的說法時，他們卻碰到一個問題，那就是想到要暫停球賽、讓選手去填心理問卷，大聯盟的裁判就不禁皺眉。於是，科學家們決定用一般人和美式足球來做實驗。

研究人員請研究對象從十碼線射門，每人踢十球。在踢球之前，全體研究對象對球門寬度和高度的估計值都差不多。但在嘗試射門之後，射門失敗者（只成功踢進一、兩球）估計球門

---

❶此處典故出自一九八九年的好萊塢賣座電影《親愛的，我把孩子縮小了》（*Honey, I Shrunk the Kids*）。

窄了十%、高了十%，射門成功者則估計球門寬了十%、低了十%①。到頭來，棒球選手似乎是對的。失敗會讓我們的目標顯得更難達成，更令人望而生畏。

失敗不僅讓目標顯得更龐大，也讓我們覺得自己更渺小了。失敗可能導致我們認爲自己資質魯鈍、魅力不足、能力不佳、技藝不精、資格不夠——這一切都對自信和未來努力的成果有很大的負面影響。舉例而言，一個大學生如果期中考不及格，她可能會覺得課程太難了、自己學不來，導致她對期末考失去信心、憂心不已。有些學生可能因此開始認眞念書，加倍努力用功；有些學生則可能深受打擊，開始質疑自己這門課到底有沒有及格的一天。

但那次考壞了的期中考，如果剛好也是上大學以來的第一場考試呢？萬一學生不只覺得這門課很難，而是把整個大學生涯都視爲自己達不到的挑戰呢？由於沒有意識到期中考不及格已經扭曲了自己的認知（以至於這門課和大學生涯都顯得比實際上更難），學生可能因此過早做出不當的決定。誠然，許多學生正因如此剛上大一就退學了（一號寶寶也有一樣的風險）。

失敗對自信心的打擊甚至更大。許多人在失敗後的反應，就是對自己的人格和能力妄下負面定論，即使這種悲觀論調毫無根據可言，當下的我們卻覺得很有說服力。許多人面對失敗的反應是冒出或說出貶損自己的想法，例如：「我就是這麼失敗。」「我什麼也做不好。」「我就是不夠聰明。」「我就是個大笨蛋。」「我就是個活笑話。」「我活該失敗。」「像我這種人休想有什麼成就。」「怎麼會有人想雇用我／跟我交往呢？」或其他諸如此類的自我人身攻擊。

很少人會說這種徒然打擊士氣的想法有什麼可取之處。然而，我們卻太常讓自己深陷其中，甚至把這些想法說出來，強化對自己的否定。如果我們那六歲的兒子在學校的拼寫測驗考壞了，回到家就宣布說：「我是什麼都做不好的笨蛋。」多數父母都會衝過去，駁斥他所說的每一個字，並且從今以後都不准他再這樣說自己。我們毫不懷疑這種負面的想法只會讓他當下感覺更惡劣，並害他未來更難考得好。然而，我們卻常常沒能把一樣的道理和智慧用在自己身上。

人在失敗後，常常會一竿子打翻自己的所有優點。但這種自我否定不僅有失準確，而且對整體自我價值和未來表現的傷害之大，更甚於做失敗的事情本身。以偏概全地否定自己，一方面會讓我們對未來的失敗過於敏感，另方面也會在我們心裡埋下深深的羞愧感，危及我們整體的心理健康。更有甚者，這麼做也會妨礙我們準確分析失敗的原因、有效避免未來類似的失誤。舉例而言，達不到個人進步的目標，常是因爲在制定計畫和立定目標時犯了關鍵錯誤，但

---

① J. K. Witt and T. Dorsch, “Kicking to bigger uprights: Field goal kicking performance influences perceived size,” *Perception* 38 (2009): 1328-40.

如果我們將失敗歸咎於自身性格的缺點，就不可能去找出並糾正這些錯誤了。

爲什麼新年新希望反而打擊自信心？

每逢新年，我們就會列出新一年的目標，希望能過得更好、更肯定自己。結果到了二月（甚至只到一月二號），我們就徹底放棄努力了。我們非但沒有因爲達成目標變得更有自信，反而還因爲失敗和挫折變得更沒自信。我們很快就把失敗和挫折歸咎於自己動力不足或能力太差。我們告訴自己：「看來我不想改變。」或是：「我就是懶得爲自己的人生做任何努力。」到頭來，我們對自己的感受甚至比十二月三十一日那天更惡劣。

對自己得出這種結論既不幸又不準確。我們之所以鮮少達成目標，主要的原因在於忽略了實現目標的具體計畫。無論馬力有多足或實力有多強，只要少了一套用心構思的計畫，我們都不會有衝出起跑線的一天。誠然，人在制定目標時最常犯的一個錯誤，就是疏於訂下開始的日期。

新年新希望另一個常見的錯誤，就是立下多不勝數的目標②。一般而言，如果你的目標列表比孩子的聖誕禮物心願清單還長，那就不妨刪掉一些。最近剛離婚、育有兩個學齡童的寶琳，在新年過後的第一個星期天，昂首闊步地走進我的會談室，洋洋得意地把一張紙塞進我手裡。「我的新年新希望。」她解釋道：「你一直鼓勵我掌握人生的方向盤，航向正確的方向。所以，瞧，這就是我要走的方向！」我瞥了寶琳的清單一眼，忍不住縮了一下。清單上包含下列事項：一星期上健身房四次，減重十公斤，工作更努力，整理家裡的衣櫥，油漆臥室，交五個新朋友，到約會網站刊登自我介紹檔案，一個月至少跟兩個對象約會，參加讀書會，每個月撥一天下午當志工，上品酒課，自學鋼琴，多陪陪孩子們。

「你覺得如何？」她迫不及待地問。

「我覺得如果你是賽車選手的話，方向盤長這樣就對了。」我微微一笑說：「但是對一個開休旅車的足球媽媽❷來說，可能有點太超過了。」

我解釋說一旦目標太多，我們就不可能完成其中任何一項。寶琳的清單有著琳琅滿目的目標設定錯誤，有些目標相互衝突（例如「一星期上健身房四次」和「多陪陪孩子們」），有些

---

② E. J. Masicampo and R. F. Baumeister, "Consider it done! Plan making can eliminate the cognitive effects of unfulfilled goals," *Journal of Personality and Social Psychology* 10 (2011): 667-83.

❷ 美語俗稱的足球媽媽（soccer mom），主要指北美中產階級家庭賢妻良母型婦女，多以休旅車為代步工具，因忙於開車接送小孩參加足球等課外活動的形象而得名。

目標太模糊（例如「工作更努力」），還有些目標難度太高（例如「交五個新朋友」和「每個月撥一天下午當志工」，而「一個月至少跟兩個對象約會」對多數單身女性來講都很難做到，更何況是有兩個小孩的職業婦女）。

若能依據急迫性、可達成率或當下的生活條件排出優先順位，定下一堆目標就不是那麼嚴重的問題。我們也常忘了將長期目標拆解成較爲實際的小目標，如此一來，許多目標就會顯得遙不可及，令人望而生畏。最後，實現目標的過程中有可能碰到障礙、難關和挫折，但我們不太會花時間擬定具體的應變計畫。一旦碰到挫折，我們就不知如何是好。

簡言之，我們的新年新希望（乃至於其他目標）經常無法實現，因爲我們從一開始就定錯了目標，結果反而打擊我們的自信。

2. 消極與無助：把自己困住的隱形結界

失敗榨乾我們的信心、動力和希望③。失敗讓我們萌生退意，不想再做任何努力，連帶放棄了未來成功的可能性。一般而言，我們越是全面否定自身的特質和能力，我們的態度就會越消極，因爲很少人會白費力氣去追求自認達不到的目標。畢竟，如果我們認定失敗是因爲自己能力不足、頭腦不靈光或運氣不好，那我們爲什麼還要堅持下去？

我們沒有想到的是，當失敗的傷口還很新，當我們的自信還是鼻青臉腫的狀態，導致我們萌生退意的自我認知根本就不正確。

三十歲的藍尼在一家銷售公司擔任行政經理。他對自己的事業越來越灰心，於是決定來做心理諮商。雖然白天的工作給了他基本的經濟保障，讓他養得起太太和家裡的新生兒，但變魔術才是藍尼眞正熱衷的事業。他是個身材修長的年輕人，五官四四方方，留著濃密的八字鬍（這些年來，我輔導過無數的魔術師，始終想不透他們爲什麼都要留八字鬍），老愛穿尺寸過大的寬褲和夾克。我承認自己不只一次期待他中斷會談，從褲子或外套裡變出一隻美麗的白鴿、一隻可愛的小白兔或一串五顏六色的手帕。可惜，藍尼從外套裡變出來的東西，最刺激的就是喉糖了。

藍尼從高中起就會表演變魔術，但他一直沒有成功到可以辭去銷售公司的工作。喜獲麟兒固然開心，但他也明白自己肩上的責任更重，魔術師這條路看來是走不下去了。我不太清楚魔術師這一行在當時的發展，所以一時不明白爲什麼有小孩就要放棄變魔術。

③ L. D. Young and J. M. Allin, "Persistence of learned helplessness in humans," *Journal of General Psychology* 113 (1986): 81-88.

「如果沒有經紀人，魔術師就別想靠接表演維持生計。」藍尼解釋道：「而我一直都找不到經紀人。兩年前，我把表演錄影帶寄給業界的每一個經紀人，結果一無所獲。」彷彿認爲我要否定他似的，藍尼自己又說：「是啦，我知道，你在想我的招牌絕活有沒有看頭。」我當然沒有這樣想，但藍尼自己接著解釋說，招牌絕活就等於是魔術師的名片，經紀人只收擁有獨門必殺技的魔術師。顯然，藍尼變的戲法沒有那麼厲害。

「過去兩年，我苦練自己的招牌戲法。」藍尼繼續說：「但就在兩個月前，我滿三十歲了。」藍尼又擅自想像我的否定，自顧自地回應道：「是啦，我知道。三十歲還很年輕。但我想該是放棄魔術、把重心放在養家上頭的時候了。我不再預約表演檔期。我把道具都收了起來。」藍尼深吸一口氣。「可是再也不變魔術……我覺得很痛苦。」藍尼用力吞了口口水。「是啦，我知道。」他又說：「我覺得怎麼樣不重要，因爲反正我也不能怎麼樣。我爲魔術盡了全力。我失敗了。我永遠也不會成爲專業的魔術師。我必須接受現實往前走，所以我才在這裡，醫生，我需要幫助，請你助我接受魔術生涯已經結束了的事實。一旦接受了，或許我就不會那麼痛苦了。」

魔術是藍尼畢生的熱情，但找不到經紀人或想不出一個技驚四座的招牌戲法，讓他覺得自己已經別無選擇。在他心目中，僅存的選擇就是放棄追夢。失敗就是會對我們做這種事。失敗讓我們覺得無望、受困。失敗誘使我們放棄。我們遠比自己意識到的更容易落入失敗主義的思維。我們沒有獲得晉升，於是就不再努力，因爲我們認爲不管表現得多好，老闆都不會升我們上去。我們不去投票，因爲不相信我們中意的候選人會贏。吃了抗憂鬱藥物也沒用，我們就拒絕去身心科回診，因爲我們假設只要其中一種藥沒效，不管吃什麼藥都沒效。我們加入健身房，結果扭傷了肌肉，就下結論說自己身體狀況太差，無法從事健身活動。我們節食破功，就下結論說自己是那種「反正就是瘦不下來」的人。我們向另一半求歡屢屢遭拒，就下結論說自己已經魅力盡失，往後就不再採取主動了。

在這每一種情況中，失敗都讓我們以爲自己沒有機會了，於是我們就不再嘗試。失敗是很有說服力的一種東西。

失敗的誤導力也很強④。

就算我們的評估很準確好了，在絕大多數的情況下，不再努力只會坐實了「自證預言」。不採取行動自然就不會成功，到頭來，我們還以爲最終的失敗適足以證明成功從頭到尾就是不

④出處同前。

可能的，殊不知那是沒能持之以恆的結果。我們沒有想到正是因為自己先投降了，最後才換來自己不想要的結果。我們也沒想到是在悲觀主義的蒙蔽之下，我們才會以為自己別無選擇、別無可能。

舉例而言，我們可能是獲得晉升的第二人選，只要繼續表現良好，下一次就會輪到我們升職。我們可以幫自己支持的候選人拉票，提高這位候選人獲選的機會。抗憂鬱藥物百百種，我們可以去試另一種，因為病患往往要試過幾種之後，才能找出對自己最有效的那一種（就跟藥局販售的各種止痛藥一樣）。對運動多了解一點，我們就能依據本身的體能量身打造合適的運動，避免運動傷害。如果覺得很難堅持節食下去，我們可以採取一些加強動力的辦法。如果另一半拒絕我們的求歡，或許是有什麼更大的問題存在，我們可以試著把話說開，適時解決兩人之間的矛盾。

向悲觀、無助和消極的感受屈服對心理健康的破壞，就像忽視日益惡化的感冒對身體健康的危害一樣。果不其然，在藍尼決定放棄魔術的那一刻，他的「情緒感冒」就急遽惡化。他被無望、無助、心灰意冷的感受吞沒，瀕臨爆發憂鬱症的邊緣，就快染上威脅整體情緒健康的「心理肺炎」了。

3. 表現壓力：關於失敗，我們要預期什麼？

當我們對一件事情的成敗期待很低時，失敗造成的心理傷害就相對輕微。很少人會因爲買了樂透沒中就陷入憂鬱。絕大部分的業餘歌手不會因爲沒得到上台的機會就深覺受辱（儘管失望是必然的）。但當我們具備成功必備的技能和實力，而且期待自己會成功，就可能對表現得好不好有更大的壓力。少量的表現壓力可能是一種助力，但大量的表現壓力就沒有好處了，因爲它會助長考試焦慮（test anxiety）、失敗恐懼（fear of failure）和失誤風險（risk of choking）。

無論智商有多高、準備有多充分、對相關題材有多熟悉，許多人在考試的情境中都會很焦慮。考試焦慮之所以這麼普遍，其中一個原因在於它相對容易被誘發。高度的焦慮只要發作過一次，就足以讓我們在未來面臨類似處境時爆發強烈的焦慮。考試焦慮之所以尤其造成問題，原因在於它會嚴重干擾注意力、集中力和清晰思考的能力，而這一切都對我們的表現影響甚鉅⑤。一般而言，說到盤踞一個人的心思、蠶食一個人的注意力，焦慮就像一頭貪得無厭的怪

---

⑤ R. Hembree, "Correlates, Causes, Effects, and Treatment of Test Anxiety," *Review of Educational Research* 58 (1988): 47-77.

獸。它讓人產生本能的不適，而這種不適感又是那麼令人分心。它占用的腦力資源是那麼重要，以至於我們在焦慮之下很難理解問題的細節，很難從記憶中擷取相關資訊，很難想出條理分明的答案或從選擇題中選出最好的選項。在基本的智力測驗中，焦慮會讓人比不焦慮時考出的分數還低十五分。十五分的落差之大，應試者頓時從天才變成凡人，說明了焦慮對表現好壞的影響非同小可。

考試焦慮還有一個更爲狡猾但鮮爲人知的表現方式，發生在我們想起有關自身性別、人種、民族或其他群體的負面刻板印象時，此所謂「刻板印象威脅」（stereotype threat）。即使這些刻板印象毫無根據，我們自己也根本不認同，但只要想起這些刻板印象，我們往往就會下意識擔心、害怕自己不幸剛好符合。這種憂懼的情緒就在不知不覺間偷走我們的注意力，害我們做不好手邊的事情。

女生考數學的情形就是刻板印象威脅之一例。在沒有男生在場的情況下，女生的數學成績比跟男生一起考試的成績好很多[6]。即使到了二十一世紀，男生在場還是會微妙地勾起女生對於「男生的數學天生就比女生好」的錯誤刻板印象。

導致失敗的自我妨礙行爲

對某些人而言，失敗不止關乎沮喪與挫折，而且牽扯到一些破壞力更強的感受，例如難堪與羞愧。於是，對失敗的預期足以令人畏懼到不自覺降低對成功的期待。降低期待看起來雖然像是合理的做法，但這麼做卻可能在不經意間打擊了自己，反而帶來我們所害怕的結果。

莉迪雅是我幾年前輔導過的一名女性個案，當時她正值坐三望四的年紀。爲了養育三個年幼的孩子，她的行銷事業中斷了十年。最小的孩子開始念幼稚園時，莉迪雅和她先生達成共識，認爲是讓她重返職場的時候了。莉迪雅運用她的人脈，很快就得到六家公司的面試機會。但儘管有這樣的優勢和漂亮的資歷，卻沒有一家公司回電請她參加第二輪的面試。對於面試失敗，莉迪雅覺得既難堪又摸不著頭腦。雖然她認爲自己盡力了，但問題的癥結很快就浮上檯面——對失敗的恐懼導致她不自覺搞砸了一個又一個機會。或者應該說，我很快就看到問題的癥結，相形之下，莉迪雅只覺得自己眞的盡了全力。

---

⑥ S. Spencer, C. M. Steele, and D. M. Quinn, "Stereotype threat and women's math performance," *Journal of Experimental Social Psychology* 35 (1999): 4-28.

「聽著，我明白第一家公司爲什麼拒絕我。」莉迪雅解釋道：「我在面試前沒時間做功課，沒去多了解這家公司一點，因爲我女兒有一場很重要的籃球比賽，我答應要烤布朗尼給她們球隊吃。」莉迪雅對第二場面試的說法，聽起來一樣沒有說服力：「啊，你瞧，我媽在面試前一晚打電話給我，我不得不陪她聊了三小時。我表嫂和我阿姨鬧不和，搞得我媽心情很差。我不想打斷她，否則我會過意不去。」對於第三場面試出錯的地方，莉迪雅的理由還是很牽強：「喔，情況就是我的指甲亂糟糟的，我心想可以趁面試前來個快速美甲，可是我沒抓好時間，遲到了半小時。準確來說可能是四十五分鐘啦。總而言之，他們拒絕見我。你能相信嗎？」我當然能相信啊，但我出於善意，忍住沒有點頭。

莉迪雅繼續解釋說，第四場面試之前，嚴重的偏頭痛害她徹夜未眠。「我累慘了！你能相信我甚至忘記要帶一份履歷過去嗎？」第五場面試那天早上，莉迪雅說她突然「腸胃不適」。「面試到一半，我的肚子叫得很大聲，我只好自我解嘲一下，並向面試人員致歉，但他們什麼也沒聽到，所以當下氣氛還滿尷尬的。未來想起這件事，我一定會笑出來吧。」我想，莉迪雅恐怕永遠也不會覺得這有什麼好笑，但我再次忍了下來，什麼也沒說。

莉迪雅說她的第六場面試本來應該很順利，只不過——「運氣不好，我一起床就莫名有股起床氣，整個人很煩躁、很不耐。我老公認爲我無論如何還是應該去面試，可是結果證明，我應該聽從自己的直覺待在家裡。櫃檯小姐很煩，我最後跟她吵了起來。面試官跑出來看外面的騷動是怎麼回事，總之……一切就從這裡開始急轉直下。你知道那句俗話是怎麼說的：『是你的就是你的，不是你的就不是你的。』」

聽了莉迪雅的說法，多數人立刻就會聽出一套很明顯的模式。是找藉口、迴避的態度和自毀的行爲注定了莉迪雅的失敗，但她自己眞的渾然不覺。下意識裡，她知道只要有個可以用來怪罪的阻礙，就能免除她所害怕的恥辱與難堪。對失敗的恐懼讓許多人不自覺地誇大了成功的阻礙，或不自覺地爲成功創造了阻礙，而表現出各式各樣自我妨礙的行爲⑦。的確，爲了替自己的失敗找到可以怪罪的理由，我們在自我妨礙這方面往往有著無比的創意。

許多人在重要的考試之前都會拖拖拉拉，導致自己「沒有時間」念書。在一場重要的報告前一晚，我們可能會跟朋友出去，一不小心喝得太多或睡得太少。我們可能會把課本忘在捷運上或朋友家裡。在爲園遊會的烤櫻桃派大賽打包食材時，我們可能什麼都記得，就是忘了把櫻

---

⑦ A. J. Martin, H. W. Marsh, and R. L. Debus, "Self-handicapping and defensive pessimism: A model of self-protection from a longitudinal perspective," *Contemporary Educational Psychology* 28 (2003): 1-36.

桃裝進去。抵達馬拉松會場時，我們的包包裡可能只帶了左腳的運動鞋。正如莉迪雅的例子，我們也可能編造出沒完沒了的身體不適。如果就算有這些阻礙還是做得很好，我們就可以因爲勝算很低而爲自己的成功多加幾分。

當然，自我妨礙很少帶來成功的結果。更有甚者，這種策略有礙我們準確檢討自己的失敗之處，讓人難以針對自己需要做出什麼改變，或未來要有什麼不同的做法，得出有用的結論。舉例而言，莉迪雅的履歷可能需要修改一下，或她的面試技巧可能要再琢磨一下，但她不可能準確評估這些因素，因爲她自己設下的一連串障礙蒙蔽了這一切。

自我妨礙本質上是不自覺的行爲，所以甚至當有人向我們指出來時，我們也看不見。一開始，莉迪雅認定她的每一個藉口都成立，她的失敗都是她掌控不了的因素所致。當我指出她的盲點時，她的反應是反駁我道：「你該不會要我違背對女兒的承諾吧？」「問題在於我沒有聽從自己的直覺待在家裡，我的直覺從沒出錯過。」

對失敗的恐懼與家庭關係⑧

正視莉迪雅對失敗的恐懼是一件刻不容緩的事情，因爲研究顯示，害怕失敗的父母會將這種恐懼傳承給孩子。多數父母都將孩子視爲自己的翻版和自身教養技能的產物，所以當孩子失敗的時候，父母自己也會覺得蒙羞。面對孩子的失敗，父母的反應可能是隱約流露出來（例如透過語調或肢體語言）或明白表現出來（例如予以斥責或發脾氣）的退縮。父母面對失敗的退縮反應，孩子感應到了，於是他們自己也心生羞愧，並從中學到失敗是一件應該要害怕和避免的事情。

坦白說，在絕大多數的情況下，父母都渾然不覺自己對孩子可能有這麼負面的影響。莉迪雅有三個她心愛的年幼孩子，然而，除非她妥善處理失敗造成的心理傷害，並改正她的自我妨礙行爲，否則她對失敗的恐懼很可能永無止境循環下去，並傳承給她的孩子。

壓力如何影響表現

比爾．巴克納（Bill Buckner）曾是表現亮眼的大聯盟棒球明星，累計擊出兩千七百多支安打，屢次贏得「打擊王」頭銜，並擔任全明星隊（All-Star）的一員大將。但他最出名的事

⑧ A. J. Elliot and T. M. Thrash, "The inter-generational transmission of fear of failure," *Personality and Social Psychology Bulletin* 30 (2004): 957-71.

蹟，卻是在一九八六年世界大賽中爲波士頓紅襪隊出戰紐約大都會隊的一次失誤。身爲負責防守一壘的球員，他讓一顆照理說很容易就能擋下來的滾地球滾過他身邊，導致紅襪隊不止輸了那場比賽，最終也輸掉整個世界大賽。比爾．巴克納絕非唯一一位在冠軍賽中失誤的運動員，他出錯的地方還是練過千千萬萬次、早已完美駕馭的一項簡單技巧。業餘運動員在關鍵時刻失誤也是常有的事，而在體育之外的領域，失誤亦是屢見不鮮。

爲什麼有這麼多人打了大半場漂亮的保齡球賽，卻在最後一球洗溝了？在決定性的試鏡中，爲什麼一個才華洋溢的聲樂家本來都唱得完美無瑕，最後一個音卻尷尬地走了調？爲什麼一個廣告業務在每一位客戶面前都報告得很順，卻在公司總裁踏進簡報室的那一刻，突然變得結結巴巴、語無倫次、腦袋一片空白？

早在二十多年前，心理學家就已開始研究人在壓力之下爲什麼容易失誤，但近來的研究才揭露了要爲這些反常的表現負責的心理機制。人在壓力下之所以容易失誤，原因在於高壓導致多慮，並分散了腦部自動或流暢執行某一事務的注意力。試試以下的練習，就能體會到這一點了——裝滿一杯水，握住把手拿著杯子走過房間。很容易吧？現在再試一次，只不過這次要邊走邊注視著水面，專心做出必要的調整，以免杯水灑出來。比起想都不想拿著杯子走路時，多數人在刻意去注意時更有可能把水灑出來。

失誤的發生也是基於類似的心理作用⑨。壓力越大，人就越有可能過度分析自己的舉動，反而對已經做過或練習過無數次的事情造成干擾。雖說人非聖賢孰能無過，但失誤通常是在風險極高的狀況下發生。人在事後對於失誤的反芻和隨之而來的自責可能影響深遠。比爾·巴克納甚至到了二十年後還對那次失誤自責不已。許多人過了好幾年、甚或數十年都放不下那些失誤的時刻。

治療失敗心理傷害的四帖處方和使用原則

失敗總是令人不痛快，但也不是每逢失敗就非得情緒急救不可。有許多的失敗都只是小事一樁，聳聳肩就過去了，即便會難過個一下下。就連非同小可、別具意義的失敗都不一定需要治療，如果我們能夠從容面對、欣然接受，準確評估下一次該怎麼做，做出必要的努力，並堅持到達成目標爲止。

⑨ M. S. DeCaro, R. D. Thomas, N. B. Albert, and S. L. Beilock, "Choking under pressure: Multiple routes to skill failure," *Journal of Experimental Psychology: General* 140 (2011): 390-406.

但當我們屢試屢敗，或當失敗對信心和自尊造成打擊，並對未來成功的機會造成妨礙，情緒感冒就有演變成心理肺炎的風險。因爲和失敗有關的焦慮很容易越積越深，所以在遭逢意義重大或令人糾結的失敗之後，最好還是謹慎行事，盡快予以心理急救。現在，讓我們打開心理急救箱，看看有哪些治療選項。

失敗造成的心理傷害有三種：一是打擊信心和自尊，讓目標顯得更加遙不可及；二是扭曲認知，讓人覺得沒有成功的希望，迫使我們不得不放棄或不再嘗試；三是製造表現壓力，讓人益發焦慮，以至於在不自覺間破壞了我們日後所做的努力。

處方一（尋求支持）和處方二（拿回控制權）有助於將信心與自尊所受的傷害降到最低，防止產生悲觀和失敗主義的心態，以免喪失動力、半途而廢。同時，這兩帖處方也會提高我們的動力、希望和未來成功的機會。處方三（負起責任）著重於承認失敗，駕馭失敗所引發的恐懼及種種感受，以求將自毀前程的可能性降到最低。處方四（管理表現壓力）有助於減輕表現壓力、失敗恐懼、考試焦慮（及刻板印象威脅）和反常失誤的機率。

處方一：尋求支持，然後記取教訓

每當個案向我傾訴意義重大、令人心灰意冷的失敗經驗時，我的第一個反應都是表達同情，並給予溫暖的精神支持，此時個案往往就會伸手去拿面紙。我的第二個反應則是指出個案從這次失敗中可以記取、對未來有幫助的教訓，此時個案往往就會把面紙盒朝我丟過來。當我們身陷傾盆大雨之中，竟有人向我們指出烏雲背後的陽光，這種行爲不免有點惹人反感。

儘管如此，我還是會用這種方式去回應，原因有二：一是我身手矯捷，要躲開面紙盒易如反掌；二是研究再再顯示，要治療失敗造成的心理傷害，最有效的辦法就是從失敗中學到正面的教訓。更有甚者，光是提供人際支持和精神支持，往往只會讓受到失敗打擊的人感覺更惡劣⑩。

爲什麼會這樣？難過時有人願意同理你不是很好嗎？

當我們仍深受失敗衝擊、對自身性格和能力的缺點充滿偏頗的認知時，旁人的關懷與支持其實會爲我們證實這些扭曲的認知。但如果旁人在表達支持之後，很快針對這次失敗背後隱含的意義予以客觀務實的分析，我們就能在獲得精神支持的同時，又保有腳踏實地、有憑有據的觀點，而能「實際一點」地看待失敗的經驗。

---

⑩ N. Bolger and D. Amarel, "Effects of social support visibility on adjustment to stress: Experimental evidence," *Journal of Personality and Social Psychology* 92 (2007): 458-75.

一方面得到精神支持，一方面分析自己可以從這次經驗中獲得或學到什麼，在面臨沉痛的失敗打擊後，這套「支持」兼「分析」的二合一策略，是第一時間最有效的急救方案了。多數人都很擅長尋求情感上的支持，但在自我感覺還很惡劣的時候，我們就很難釐清自己能從失敗中帶走什麼教訓。

情緒自救練習 18

幫助自己從失敗中學習

接下來的寫作練習有助你分辨自己能從失敗中得到什麼。多數的失敗經驗都能讓我們學到六堂「通識課」，請依據自身情況加以套用。

第一課：失敗是很棒的老師

愛迪生在成功發明電燈之前失敗過無數次，他將每一次失敗都當作學一次經驗。套句他的話來說：「我一次都沒失敗過。我學到一萬種行不通的做法。」失敗總會告訴你在事前準備或執行過程中哪裡需要改進。下一次該改進的是什麼地方呢？

第二課：失敗提供了新的機會

亨利・福特（Henry Ford）開的前兩家汽車公司都倒閉了。要是這兩家公司開成了，他可能永遠也不會嘗試開第三家。要到三度創業時，他才冒出了裝配線量產的點子，躋身為他那個時代的大富豪。你的失敗又有可能帶來什麼機會呢？

第三課：失敗讓我們更強大

二〇一一年八月，六十二歲的戴安娜・奈德（Diana Nyad）挑戰從古巴游到佛羅里達，距離長達一百六十五公里。在游了九十五公里之後，她不幸氣喘發作，不得不功虧一簣。驚人的是，事隔不到兩個月，她又挑戰了一次。這次她游了一百三十公里，被僧帽水母螫得疼痛難當，隨行醫師不得不把她從水裡拖上來。戴安娜旋即宣布不會再試第三次。然而，一旦緩過氣來，一開始的沮喪失望漸漸煙消雲散，她就發覺前兩次的挑戰只是讓她更強大而已。如果再度嘗試，她成功的機會也會更大。二〇一二年八月，她再挑戰了一次。儘管比前兩次游得更遠，一陣危險的暴風雨又將她逼上岸來，沒能完成壯舉❸。

❸戴安娜・奈德最終在六十四歲時挑戰成功。

失敗之後我們都會意志消沉。但是從跌倒的地方爬起來、從經驗中學習，總會讓我們更強大，未來也更有可能成功。你的失敗有可能在哪些方面讓你更強大呢？

第四課：有時候失敗也是成功

我總是不禁納悶，忙完比賽之後，環球小姐亞軍得主一旦空了下來，有時間細細回想並挑掉頭髮裡的五彩紙屑，此時的她心裡會作何感受？她會為了代表國家贏得亞軍覺得很光榮，還是會為了差那麼一點就能贏得冠軍痛心疾首？我們參加的業餘球隊輸掉總決賽固然令人扼腕，但一開始能夠擠進總決賽不也是一種成就嗎？是啦，在找工作的時候，經過一輪又一輪的面試，到了最後一關卻被刷下來，我們一定很失望，但身為眾多應徵者當中的佼佼者，我們應該覺得備受肯定才對。

有許多的失敗換個角度想也是成功，只不過我們很容易只看失敗的一面而不看成功的一面。無論心裡有多失望，我們總該肯定自己做得好的地方，即使最終的結果是失敗。就哪些方面而言，你的失敗也是一種成功呢？

第五課：眼前的失敗讓未來的成功更有意義

研究顯示，我們越努力、克服的失敗和挑戰越多，最終成功時的喜悅、意義與滿足感也越大。奧斯卡・皮斯托利斯（Oscar Pistorius）是來自南非的一位職業運動員，二〇一一年在南韓舉辦的世界田徑錦標賽中，他參加了四百公尺短跑的項目。然而，和田徑場上的其他短跑選手不同，奧斯卡・皮斯托利斯是一位雙重截肢的生命鬥士，他的雙腳在小時候就截肢了。靠金屬「刀鋒」而跑的他，成為首位參與健全運動員世界錦標賽的殘障運動員。後來他又更上一層樓，跑進個人準決賽，並在接力賽項目中贏得一面銀牌（並創下全國紀錄）。

對皮斯托利斯而言，光是站在田徑場上就是一種勝利。為能獲得世界錦標賽和奧林匹克運動會的參賽權，他上法庭爭取了好幾年，最後終於證明那對刀鋒不會給他勝過其他運動員的「優勢」。即使在勝訴之後，他也費盡千辛萬苦，直到截止日期前的最後一場相關比賽，才跑出符合參賽資格最低標準的成績❹，此時距離世界錦標賽開賽只剩一星期了。皮斯托利斯在首場比賽中一站上跑道，場內的每一台攝影機都對準了他。大會報出皮斯托利斯的姓名時，他頓時露出一臉肅然起敬又洋溢著喜悅的表情，不止讓其他運動員都相形失色，

❹參加奧運或世錦賽之前，選手需在任何一種相同項目的比賽中，先取得符合奧運或世錦賽參賽門檻的成績。

也讓每一位觀眾渾身起雞皮疙瘩。皮斯托利斯接著繼續拿出亮眼的表現，在二〇一二年倫敦奧運會中跑進四百公尺短跑準決賽。（到了二〇一三年二月，皮斯托利斯再度讓粉絲渾身起雞皮疙瘩，很遺憾這次是基於截然不同的原因——他涉嫌殺害女友被捕了。）

失敗越多次，最終的成功對心情、自尊和信心的鼓舞就越大。比起現在的失敗，對你來說，未來成功的意義會大出多少呢？

第六課：未必非成功不可

關於失敗，近來的研究有了令人訝異的發現，那就是不一定要大功告成，我們也能從追求目標中得到好處⑪。在多數情況下，對長期的幸福感和自我實現感而言，穩步朝目標邁進比起實際達到目標的貢獻更大。一步步接近目標的滿足、興奮、自豪和個人成就加起來，創造出令人飄飄然的喜悅，對心情、動力和心理衛生都有神奇的效果。在追求目標的過程中，你能從哪些方面找出意義、得到滿足呢？

---

⑪ K. M. Sheldon, N. Abad, Y. Ferguson, A. Gunz, L. Houser-Marko, C. P. Nichols, and S. Lyubomirsky, "Persistent pursuit of need-satisfying goals leads to increased happiness: A 6-month experimental longitudinal study," *Motivation and Emotion* 34 (2010): 39-48.

處方一摘要

- **藥名**：尋求支持，然後記取教訓
- **用法用量**：每逢意義重大的失敗時就盡快服用。
- **主要療效**：將信心、自尊和動力受到的損害降到最低。
- **次要療效**：減輕表現壓力。

處方二：著眼於你能掌控的因素

失敗會讓我們感覺受困、無助，彷彿一切都不受控制，我們就是注定要失敗。一旦認定自己做什麼也改變不了結果，我們往往就會放棄努力或感到力不從心。然而，屈服於這種無力感有可能使得情緒感冒惡化成心理肺炎，因爲無望和無助常導致臨床憂鬱症之類的疾病。

失敗的悲劇之處在於許多讓我們以爲自己無力控制的假設和想法都是錯覺。更有甚者，科學家再再證明了，改變看事情的角度、著眼於可以控制的部分，對我們的希望、動力和自尊都

有莫大的好處。在某些狀況中，光是獲取正面的訊息、推翻無助與無力控制的錯覺，就足以振奮人心，並防止情緒感冒的病情加劇。

一項研究透過一組年逾六十五歲的長者闡釋了這一點⑫。長輩們常是長時間坐著，而久坐對健康有很大的危害（儘管以任何年紀來講，久坐都對健康不好）。問題是當今的長者往往認爲久坐不動是自然的老化現象（當然不是啊！）。科學家教這些長者不要把坐著不動的生活模式歸咎於年紀，而是歸諸於自己完全能夠掌握的因素，例如他們每天想走多少路。一個月後，這項簡單的建議就使得長輩們一星期多走了四公里的路（這可是天大的改變）。而且，他們表示自己的耐力和心理健康也有了改善。

要重拾自己能夠控制情況的感覺，最好的辦法就是重新檢討我們所做的準備（達成目標的計畫），以及我們拿出的表現（計畫的執行方式），如此一來，我們才能找出自己以爲不能控制、但其實只要轉念就能控制的元素。

⑫ C. A. Sarkisian, B. Weiner, C. Davis, and T. R. Prohaska, "Pilot test of attributional retraining intervention to raise walking levels in sedentary older adults," *Journal of the American Geriatric Society* 55 (2007): 1842-46.

重拾對目標計畫的控制

由於人一次最好只追求一個目標⑬，所以請分別針對各個目標完成此項練習。為了舉例說明，我將最近剛離婚、有一堆新年新希望的寶琳對此項練習的反應涵蓋進去。寶琳同意以「結交新朋友」為優先，因為在整個離婚過程中，她的人際圈大幅縮小，她亟欲找到新的社交活動管道，結交相處愉快的新朋友。

1. 盡可能以務實、具體的用詞界定你的目標

切記：要定下明確可行的目標。舉例而言，「在夏天前瘦下來」是務實但不具體的目標。「中樂透」雖具體但不切實際。「寫一本暢銷小說」既不具體（小說的內容是什麼？），也不實際（成為暢銷大作的小說少之又少）。寶琳將她的目標界定為「找到三個管道，結交有相同興趣的同好」。

---

⑬ R. Koestner, N. Lekes, T. A. Powers, and E. Chicoine, "Attaining personal goals: Self-concordance plus implementation intentions equals success," *Journal of Personality and Social Psychology* 83 (2002): 231-44.

此外，長期而言，用對你個人別具意義、能讓你興致勃勃樂在其中的方式界定你的目標，有助於保持最大的動力[14]。舉例來說，你可以將減重和運動的目標界定為「養成健康的生活習慣，讓我更有活力與耐力，在未來的日子裡，我才能積極參與兒孫們的活動」。你也可以仔細考慮一下要選擇什麼方式養成健康的生活習慣，比方如果要讓自己動起來，選擇和朋友一起加入登山社，可能比自己一個人在家裡跑跑步機更有動力。

2. 把目標拆解成一個個步驟

切記：將長遠的目標分成階段性的小目標，對我們的動力會有舉足輕重的影響。不需要什麼努力的小目標會導致我們喪失興趣與熱忱，變得對追求更大的目標不那麼全力以赴。挑戰性太高的階段性目標則容易造成挫折，同樣也會讓人喪失續航力。不妨試著定下具有挑戰性但不至於令人畏懼的里程碑。最好是先將一些小小的成功納入囊中，如此一來，我們就應該能夠由簡入難，慢慢提高挑戰的難度。

在界定小目標時，務必著眼於可以控制的因素（像是我們的表現），而不是著眼於不可控制的因素（像是某種特定的結果）。舉例而言，減重或健身的目標應該放在吃什麼或做多少運動（這些是我們可以控制的），而不是放在要減掉多少公斤（因為我們無法強迫身體按照預定的速度變瘦）。如果計畫要開一個部落格，我們應該決定的是要分配多少時間在這上頭，而不是實際上希望完成的進度（因為你很難預知編寫程式和設計等等的問題）。照自己說的時數投入時間在我們的「乳酪控部落格」上，讓自己覺得事情有所進展，總好過花大半天只裁切了一張瑞士啤酒花乳酪（Swiss Flцsserkдse）的驚人美照，然後默默覺得自己很失敗。

寶琳將她的目標拆成以下幾個小目標：「列一張我有興趣的活動清單。上網搜尋可能的參與管道。一星期去探索一個新的管道。」

3. 為整體目標和階段性目標設下時間範圍

切記：最好先瀏覽一遍你列出來的階段性目標，並為每一個階段性目標設下開始和完成的日期（幾月幾日）／時間（幾點幾分）。如有客觀存在

⑭ R. M. Ryan, G. C. Williams, H. Patrick, and E. Deci, "Self-determination theory and physical activity: The dynamics of motivation in development and wellness," *Hellenic Journal of Psychology* 6 (2009): 107-24.

的截止期限，我們可能就必須先為大目標設下時間範圍，再據此針對各個階段性目標分配時間（例如要為參加馬拉松做賽前訓練，或要為工作或入學的面試製作作品集時）。但只要有可能，我們就應該先為階段性的目標定出時間，如此一來，我們就有一份較為務實可行的時間表。在設定時間範圍時，就跟設定階段性目標一樣，為了保持興趣、努力和動力，最好是給自己適度的挑戰。寶琳決定從第二天就開始，每星期探索一個新的管道，直到找到合適的管道為止。一旦找到合適的管道，她就改成每兩星期再去探索一個新的管道。

4. 列出可能的挫折、誘惑或冤枉路

切記：採納童子軍的座右銘「隨時做好準備」，為不可預測和料想得到的問題未雨綢繆一番，不失為一種明智之舉。舉例而言，如果目標是要盡量減少飲酒量、養成飲酒適量的習慣，你可能料得到在公司的慶功宴上需要有一套策略，但你也應該想想，如果臨時被叫去應酬、客户又剛好愛喝酒，這下該如何是好。寶琳想到有可能出問題的地方是她請的保母，因為這位保母有臨時爽約的紀錄。

5. 為前述每一種挫折、誘惑或冤枉路列出可能的解決方案

這包括如何防患於未然，以及一旦出了狀況，你打算如何執行這些解決方案。以積極的行動來敘述你的執行策略，例如相對於消極的「如果有人請我抽菸，不要收下就是了」，改成「如果有人請我抽菸，我會明確表示『不用了，謝謝你，我戒菸了』」，就較為積極。

切記：事先預測問題並擬定解決方案很重要，除了可以避免受挫，萬一受挫時也有助於保持動力及士氣。執行計畫做得好，解決方案也才有用。舉例而言，比起完全沒有計畫的女性，請預計要做乳癌篩檢的女性花幾分鐘，計畫一下何時去做檢查、用什麼方式檢查，實際完成檢查的可能性就高出兩倍⑮。寶琳的解決方案是先找到一位替補保母，有必要時就可以聯絡她來顧小孩。

⑮ S. Orbell, S. Hodgkins, and P. Sheeran, "Implementation intentions and the theory of planned behavior," *Personality and Social Psychology Bulletin* 23 (1997): 945-54.

重新檢討執行任務的方式

並非所有失敗皆因計畫有瑕疵。針對如何執行任務，我們也要找出加以控制的方式。舉例而言，藍尼放棄當職業魔術師的夢想，因爲他自認已用盡辦法，卻還是沒能開發出一套招牌大絕招。他投入一小時又一小時，研究所有他已熟知的戲法。他絞盡腦汁，苦思新的組合和精心設計的細節，將既有的戲法提升到新的層次。但費盡千辛萬苦，他還是沒有想出一個驚豔四座的必殺技。

聽完他的這些努力，我先對他挫敗的感受表達同情（不出所料，此時藍尼伸手去拿面紙）。接著，我表示我完全不認同他對現實狀況的評估，並擺好姿勢準備閃躲面紙盒。藍尼聽了很訝異，但也好奇不已。我解釋說他還有許多腦力激盪的管道，只從既有的戲法中找尋靈感其實限制了他的選項，也在不經意間使得他的努力都徒勞無功。

接下來，我舉了幾個例子，提出其他進行腦力激盪的方式。比方先把他覺得吸引人的主題概念一一找出來（家庭、懷舊、愛情、文化、食物等等），接著再思考如何用魔術激發這些概念。或者，他可以從他意圖引起的反應切入（讚歎、驚訝、目眩神迷、困惑、拍案叫絕、震撼等等），他也可以想想要按照什麼順序安排這些反應。又或者，他可以著眼於一些不落俗套的素材或手法（例如逆向操作）。舉例來說，我建議他不要按照一般的順序：先亮出整副牌、把中選的一張放進帽子裡、再從帽子裡變出一隻兔子，如果逆向操作，先拿出幾隻兔子給觀眾選、把中選的兔子放進帽子、再從帽子裡變出一張牌，應該會惹得觀眾哄堂大笑（好在藍尼沒採納我的意見）。

失敗也在其他方面導致藍尼畫地自限。他認定觀眾對電視實境節目明星、名人笑話或政治人物笑話比較感興趣，對變魔術比較沒興趣。然而，他卻不曾想過要把這些概念融入既有的戲法中，隨之改變他的表演模式。藍尼很快就明白，他還有許多可以探索的管道，現在放棄追夢還言之過早。下定決心的那一刻，他瞬間一掃陰霾，我首度從他眼中看到希望的光芒。

情緒自救練習 20

控制任務的執行

此一寫作練習的目的在於找出造成失敗而你可以掌控的因素，並研判未來在做努力時如何排除這些因素。為了舉例說明，我將藍尼的答案囊括進來。

1. 描述該起失敗事件，務必確保只是單一事件而已。舉例而言，如果你考了五次駕照都沒考到，只要寫最近的一次就好。藍尼寫的是「我當不成職業魔術師」。

2. 列出所有導致失敗的因素。藍尼寫的是「招牌戲法太弱、沒有經紀人、缺乏人脈、觀眾不愛看魔術」。

3. 看看你所列的因素，有哪些是可以控制的，又有哪些是不可控制的。舉例而言，可以控制的因素可能有：「我跑不完整場馬拉松，因為賽前我沒給自己充足的時間訓練。」或是：「我的婚姻失敗了，因為我們從沒學會如何與彼此溝通。」不可控制的因素可能有：「我沒考取律師資格，因為只要碰到重要的考試，我就忍不住很緊張。」或是：「我失去這位客戶，因為我們交出去的產品有太多問題了。」

就不可控制的因素而言，藍尼列出來的有：「如果沒有一項較強的招牌戲法，就沒有經紀人要簽我。」「身為一個蹩腳的魔術師，我沒有厲害到能發明出一套偉大的招牌戲法。」「我沒有人脈能幫忙爭取更多表演機會或找到經紀人。」「多數觀眾都不愛看魔術。」他所列的因素中，唯一一個操之在己的是：「放棄魔術是我自己的決定。」

4. 試著從不同的角度看待每一個不受控制的因素，看你能否用操之在己的因素去取代。舉例而言，「我沒通過律師資格考，因為只要碰到重要的考試，我就忍不住很緊張」可以換成「我沒有設法調適自己的考試焦慮」（因為我們總能學著去調適）；「我沒能留住客户，因為我們交出去的產品有太多問題」則可以換成「我欠缺挽留客户必備的客訴處理訓練」（因為我們總能去上客訴處理訓練課程）。

   藍尼把「身為一個蹩腳的魔術師，我沒有厲害到能發明出一套偉大的招牌戲法」換成「腦力激盪的方式有很多，我只試過一種」，「我沒有人脈能幫忙爭取更多表演機會或找到經紀人」換成「我沒有盡量多和其他魔術師、活動企劃人員及夜店老闆建立人脈」，「多數觀眾都不愛看魔術」則換成「我不曾針對觀眾愛看的主題重新構思我的戲法」。

5. 一旦完成第四個步驟，就列一份新的操之在己的行動清單。針對每一項因素，想一想你可以怎麼解決問題或做出必要的改變，以提高未來成功的機會。

藍尼決定為他的招牌戲法多試三種腦力激盪的方式，並且再給自己一年的時間去努力。他也決定要多和其他魔術師、活動企劃人員及夜店老闆打交道，並運用社群媒體平台增加他的曝光率。

八個月後，藍尼通知我說他會在電視上表演新的招牌必殺技！他想出來的戲法既令人感動，視覺效果也很美。但在我眼裡，他的電視處女秀最神奇的地方在於他表演時臉上滿滿的喜悅。

處方二摘要

- **藥名**：著眼於你能控制的因素
- **用法用量**：每逢意義重大的失敗即盡快予以服用。未來再做努力之前，以及每次設定新的目標之時，別忘了重新檢視一下達成目標的計畫和實際執行的情況。
- **主要療效**：預防或減輕無助與無望的感受，給自己希望與動力，提高未來成功的機會。
- **次要療效**：將信心與自尊所受的傷害降到最低，減輕表現壓力。

處方三：負起責任、駕馭恐懼

不管再怎麼想爲自己的失敗找藉口，找藉口都有礙我們從失敗中學到許多受用的教訓。更糟的是，越是否認自己有責任，就越有可能覺得情況不受我們控制。失敗多多少少都會造成恐懼與焦慮，一旦能夠承認這一點，我們就能開始貼近這些感受、駕馭這些感受，進而防止我們的行爲不自覺地受到它們的影響與破壞。

育有三個孩子的莉迪雅二度就業不順利，是因爲在長時間脫離職場之後，她身爲專業人士的自尊和信心都降到了谷底。爲了維護自尊，她用現成的藉口規避可能面臨的失敗，而在不自覺間妨礙了自己。不幸的是，這麼做就保證她一定會失敗，莉迪雅卻渾然不覺。她一跟我說完第六場面試的慘況（在未來的老闆面前跟櫃檯接待人員大吵），我就決定委婉點出我擔心的地方。

「有時候，放了一星期的長假回來，重新面對工作，我會有點緊張。」我開始循循善誘道：「我完全可以想像在脫離職場十多年之後，要再回來上班會有多害怕。」

「嗯，是啦，當然了，是有那麼點可怕。」莉迪雅承認道。

「我相信這是一定的。你跟任何人聊過你害怕的部分嗎？」莉迪雅搖搖頭。我繼續說：

「會覺得擔心、焦慮、甚至害怕是很自然的反應，莉迪雅，尤其是看到這十年來行銷業界千變萬化。事實上，如果你一點都不害怕，那才奇怪呢。但恐懼的心魔是這樣的，如果我們不去駕馭它，如果我們談都不談它，恐懼的心魔會自己找到其他的表現方式。」

「像是什麼？」莉迪雅問道。

「像是有個人要看看你適不適合他的團隊，結果你跑去跟他的祕書大吵。」我微微一笑道。

「可是你不知道她有多煩！」莉迪雅反駁道。

「事實上，我相信她一定不是普通地煩人。」我說：「但你有三個年幼的孩子，莉迪雅，你一定很習慣處理煩人精和令人心煩的情況吧？」莉迪雅點點頭。「就像我剛剛說的，如果你不透過有意識的方式表達內心的恐懼，我認為心魔會決定主動代替你發聲。」

「等等，你是說像偏頭痛和鬧肚子嗎？但我不是裝病欸，那些都是眞的呀！」

「你對失敗的焦慮也是眞的。」我回應道：「但除非你正視它、想出處理它的辦法，否則我看未來還會有更多的偏頭痛和鬧肚子等著你。」莉迪雅這次沒有反駁，只是沉思了起來，我不禁鬆了一口氣。難歸難，莉迪雅最終還是能夠正視自己的感受，並為每一次失敗的面試（以及導致失敗的自我妨礙行為）負起責任。一旦如此，她就能夠用更有建設性的態度，重新投入謀職的任務。莉迪雅又花了幾個月，歷經多次面試失敗，最後終於在她的領域找到一份工作，成功二度就業。

我們都該假設失敗去到哪裡，焦慮和恐懼就會跟到哪裡。不管是要面對失敗，還是要正視內心的感受，最好的辦法都是和支持我們的人聊一聊。傾訴內心的恐懼，向信任的親朋好友吐露，這份恐懼不自覺經由自我破壞的方式表現出來的需求就會降到最低。另一個辦法是在日記或部落格上抒發，只要別忘了用較為樂觀的想法平衡一下就好。

要化解失敗之痛，有個效果絕佳的辦法是在恰當或有可能的時候自我解嘲一番。研究顯示，以幽默的眼光看待失敗，對於克服失敗導致的痛苦、難堪或羞愧，都是效果一流的好辦法⑯。未來再做嘗試時，看得到「笑點」也有助於減輕表現壓力。用笑話的形式把內心的恐懼說出來，我們的心魔就不必透過不自覺的自毀方式找到出口。當然，不是所有的失敗都能夠或應該一笑置之，但有很多是可以的。

---

⑯ J. Stoeber and D. P. Janssen, "Perfectionism and coping with daily failures: Positive reframing helps achieve satisfaction at the end of the day," *Anxiety, Stress, and Coping* 24 (2011): 477-97.

獨角喜劇演員就是常拿自己的失敗來說笑的一群人，許多喜劇的哏都是將他們痛苦的失敗經驗變成笑話，從而大大減輕了失敗造成的痛苦。舉例而言，喜劇演員吉姆．蕭特（Jim Short）就透過在表演中說笑，處理他身為人生失敗組的感受。「我三十四歲了，年收入七千元，魯蛇無誤！我難受、我想哭。但接著我又想：等一下，我不是魯蛇，實驗證明，我是魯蛇界的蛇王！」⑰

因為失誤害得紅襪隊輸掉世界大賽的比爾．巴克納，二〇一一年在賴瑞．大衛（Larry David）創作的黑色喜劇《人生如戲》（*Curb Your Enthusiasm*）中飾演他自己。在那一集當中，巴克納為了沒接到一壘那關鍵的一球懊惱不已（是的，即使經過數十年後），隨後他經過一棟失火的建築，消防員指示困在三樓的媽媽把寶寶丟進底下的安全網裡。媽媽心不甘情不願地照做了。寶寶掉進網子裡，但卻彈到半空中。圍觀的群眾深吸一口氣，只見寶寶朝巴克納的方向彈過去。眾人認出巴克納，紛紛皺起眉頭。但巴克納手一伸，動作完美地接住了寶寶，挽回了自己的顏面，群眾響起如雷的掌聲。巴克納的客串演出是一個活生生的好例子，代表每個人都能對自己最痛苦的失敗經驗一笑置之。藉由付之一笑，無疑也治癒了失敗留下的心理傷害。

處方三摘要

- 藥名：負起責任、駕馭恐懼
- 用法用量：每逢意義重大的失敗就盡快服用。
- 主要療效：預防或減輕信心受挫和自尊受損，用幽默拔除失敗扎在心頭的一根刺。
- 次要療效：減輕表現壓力和對失敗的恐懼。

處方四：用分心對付壓力造成的分心

表現壓力會提高考試焦慮，讓我們偏偏在關鍵時刻失誤。表現壓力也會讓我們擔心自己落入刻板印象，因而分散了我們對手邊事務的注意力。之所以如此，是因爲在緊要關頭感受到的壓力或焦慮盤據了我們的心思，妨礙了我們的表現，使得我們更有可能功敗垂成。接下來，我們甚至覺得壓力更大、焦慮更重，惡性循環益發惡化。

⑰ http://www.jokes.com/funny/jim+short/jim-short--not-a-loser.

要治療表現壓力造成的心理傷害，我們必須以毒攻毒，用分心對付分心。一旦壓力和焦慮偷走我們的注意力，我們就要把注意力再偷回來。表現壓力導致我們分心，研究發現有數種辦法可以用分心對付分心，有些辦法簡單得就像吹口哨。事實上，其中一個辦法就是吹口哨。至於想吹什麼旋律，那就看你高興了。我們來看看具體有哪些對策。

1. 壓力大就吹吹口哨[18]

在迪士尼電影《白雪公主》中，七個小矮人工作時愛吹口哨。我猜他們也怕壓力大會失誤，因爲研究顯示，一邊做事、一邊吹口哨，我們就不會對手邊的事情想太多，以致表現失常，做不好已經熟到不用想的事情（例如揮高爾夫球桿、丟橄欖球、拿著一杯水走路，還有，沒錯，比爾．巴克納，在一壘攔截一顆很弱的滾地球）。這一招之所以有效，原因在於當我們專心做手邊的事情時，吹口哨占據的注意力適足以讓人沒有想太多的餘地。

小叮嚀：在某些情況中，有可能你覺得吹口哨這招超好用，但你身邊的人可不這麼認爲。所以，切記你不需要爲了對抗表現壓力而吹一曲慷慨激昂的詠嘆調，輕輕吹口哨也一樣有效。

2. 平息考試焦慮的兩個方法

想避免或減輕考試焦慮，最重要的就是竭盡所能做足準備、好好用功，備考時也不要拖拖拉拉、東摸西弄。準備越充分，考試那天心情就越放鬆。然而，準備得再好，考試焦慮還是可能無預警發作，破壞我們在考場上的專注力。

所以，我們需要做兩件事情：一是平息焦慮的情緒，二是專心回到考題上。第一件事需要犧牲一點考試的時間，先讓自己冷靜下來再說。即使我們沒有察覺，緊張焦慮會導致呼吸變得很淺，因而限制了人體吸進去的氧氣量，提高了恐慌的感覺。要恢復正常的呼吸，降低恐慌的程度，你應該放下手中的筆，先別想考試的事，花一分鐘專注在呼吸上頭，吸氣、吐氣各默數三秒（邊呼吸邊默數「吸二三、吐二三」），邊數邊注意空氣是如何充滿你的肺臟、吐氣時又是什麼感覺。一分鐘左右應該就足以穩定呼吸，緩和焦慮。

接下來，我們要將注意力拉回手邊的任務上，阻止腦袋瓜去擔心成績的好壞及考不好的後果。要專注在答題所需的一個個步驟上，最好的辦法就是腦袋一邊推敲、嘴裡一邊念念有詞（小小聲的喃喃自語就好）。透過把考題和你對題目的推敲說出來，你所用掉的注意力剛好讓腦袋瓜沒有餘力去擔心。

---

⑱ S. Beilock, *Choke: What the Secrets of the Brain Reveal about Success and Failure at Work and at Play* (New York: Free Press, 2010).

3. 推翻刻板印象

一旦想起有關自身性別、人種、民族或其他群體的負面刻板印象時，我們便可能下意識擔心起來，怕自己剛好符合這些刻板印象，因而使得我們無法全神貫注在手邊的任務上。治療這種「症頭」的最佳處方，就是用肯定自我價值來推翻心中的憂慮。

在近來一系列的研究中，研究人員在新的學年開始之際，請社經背景各異的四百名七年級生選一項個人價值（例如：運動神經好、人緣好或家庭關係好），並針對這項價值寫一篇短文。研究人員指示半數學生（實驗組）挑一項對自己來講很重要的價值，寫一寫爲什麼它很重要；另外半數的學生（對照組）則挑一項在自己眼中不重要的價值，寫一寫爲什麼它對別人來講可能很重要。結果令人大開眼界。實驗組的學生將黑人學生與白人學生之間的成績差距拉近了四十％，而且效果一直延續到整個八年級（足足兩年的時間）⑲。研究人員也針對主修物理學的女大生做了類似的實驗（在理科領域，女性長久以來都是少數族群），練習過自我肯定的女大生比沒練習過的成績好很多⑳。

當然，不是每個人都會受到刻板印象威脅的影響，但一個人的信心越低，就越有可能在想起這些刻板印象時因憂慮而分心。如果你覺得自己有可能受制於諸如此類的憂慮，不妨在考試前花點時間寫一篇短文，談談在自己身上你很看重的人格特質，以及令你覺得自信、自豪的地方。這麼做是很好的投資，因爲你要付出的時間很少，卻能讓你從容應付先前的失敗可能引發的擔憂與焦慮。

處方四摘要

- **藥名**：用分心對付壓力造成的分心
- **用法用量**：在可能讓你產生表現壓力或焦慮情緒的狀況發生前及發生中服用，或在你可能受到刻板印象威脅影響時服用。
- **主要療效**：減輕表現壓力、考試焦慮和刻板印象威脅，降低失誤的風險。
- **次要療效**：將信心受挫和自尊受損的程度降到最低，緩和對失敗的恐懼。

---

⑲ G. L. Cohen, J. Garcia, V. Purdie-Vaughns, N. Apfel, and P. Brzustoski, "Recursive processes in self-affirmation: Intervening to close the minority achievement gap," *Science* 324 (2009): 400-403.

⑳ A. Miyake, L. E. Kost-Smith, N. D. Finkelstein, S. J. Pollock, G. L. Cohen, and T. A. Ito, "Reducing the gender achievement gap in college science: A classroom study of values affirmation," *Science* 330 (2010): 1234-37.

何時諮詢心理衛生專業人士

治療失敗造成的心理傷害，應能帶給你情緒上的解脫，有助你未來的準備和表現，並讓你持之以恆朝目標努力。然而，如果你已經試過本章開出的藥方，還是苦於無望、無助、羞愧或憂鬱的感覺，那就應該尋求心理衛生專業人士的幫助了。如果本章開出的藥方沒有減輕你的表現壓力，或你在照理說應該會成功的事情上還是屢屢失敗，那麼你也應該尋求專業的協助。最後，如果你頹喪絕望到有傷害自己或別人的念頭，請立即尋求心理衛生專業人員的協助，或就近至醫療院所求診。

7

自卑

情緒免疫系統衰弱

人人都渴望有自信，坊間充斥著琳琅滿目的雜誌、書籍、課程、產品和以身心靈導師自居的人，若是按照他們信誓旦旦的說法看來，每個人都大可活得有自信。幾十年來的研究和成千上萬的科學實驗都再再證明，絕大部分的自信養成課程純粹就是沒有用①。有鑒於此，這門億萬產業的存在實在令人嘖嘖稱奇。相關課程上了也沒用，說眞的很令人遺憾，因爲自卑和情緒免疫系統衰弱有著密不可分的關係。日常生活中有著種種的心理傷害，像是失敗和遭拒，自卑讓我們更禁不起其中許多傷害的打擊。更有甚者，相對於有自信的人，自卑的人往往較不快樂、較爲悲觀、較爲被動，他們的情緒惡劣得多，他們罹患憂鬱症、焦慮症和飲食失調症的風險較高，他們也比自信的人更缺乏人際關係的滿足感②。

好消息是，儘管自信產業的保證有很多都落空了，研究人員已經找到提升自信並藉此強化情緒免疫系統的辦法。雖然這些辦法不能讓自卑的人一躍成爲自信過人，但這說不定是好事。自信過人也有它的壞處③。舉例而言，自大狂很容易把自己的過錯怪在別人身上。他們拒絕接受負評和反對意見，認爲別人說的都不足爲鑑。他們常常很難接受自己造成的後果。這些特質都讓他們很有可能重犯一樣的錯誤，並因此在公私領域的人際關係中都有很嚴重的問題。

從自卑到自大，在自信偏高的那一端，自戀型的人對自己的評價太過美妙、自我感覺過度膨脹，但在受到批評或貶低時，他們馬上就會覺得傷透了心、憤怒到了極點，即使只是芝麻綠豆大的一句評語（對自戀型的人來講，沒有「無傷大雅」這回事）。因爲就連不痛不癢的一點冒犯都會讓他們心碎一地，所以他們常有報復的惡習。若是有人膽敢戳破他們膨脹的自我，那就等著變成他們的眼中釘。或許科學家該尋求的是自戀的解方，而不是自卑的解方。但話說回來，生命總會讓需要虛心受教的人學到教訓。

雖然眞正稱得上自戀的人並不多，但過去這幾十年來，群眾的集體自信普遍有「分數膨脹」❶的趨勢，部分原因是自信產業大受關注所致④。於是乎研究顯示，說到自信與否，當今多數人都舉棋不定。一方面，身爲個人，我們覺得自己處處不夠好；另方面，我們又認爲自己比「一般」來得優秀。

---

① W. B. Swann, C. Chang-Schneider, and K. L. McClarty, “Do people’s self-views matter? Self-concept and self-esteem in everyday life,” *American Psychologist* 62 (2007): 84-94.

② K. D. Neff, “Self-compassion, self-esteem, and well-being,” *Social and Personality Psychology Compass* 5 (2011): 1-12.

③ 出處同前。

❶ grade inflation，意指長期看來學生的平均成績提高，但並未伴隨相對的優異表現。

④ N. Maxwell and J. Lopus, “ The Lake Wobegon effect in student self-reported data,” *American Economic Review Papers and Proceedings* 84 (1994): 201-5.

誠然，「一般」一詞本身已衍生出各種奇怪的負面意涵。我之所以說「奇怪」，是因爲就定義而言，在任何一件事情上，三分之二的人口都是「一般人」（六分之一的人高於一般、六分之一的人低於一般）。然而，這年頭，你如果跟一個學生、員工或情人說他的技巧和能力「一般」，那可就有辱這個人的尊嚴了。多數人都自認比一般人更會開車、更風趣、更有邏輯、更受歡迎、更美更帥、個性更好、更值得信任、更有智慧、更有頭腦、更……。

諷刺的是，雖然我們不喜歡當一般人，研究自信心的科學家卻蒐集到一個又一個證據，顯示自信心「一般」（不自大也不自卑）才是最好的。理想上，自信的程度應該落在自我價值感強而穩定的範圍，不要自視過低，也不要自視過高又玻璃心。自信心強而穩定的人，的確對自己在現實世界中的強項與弱項有較爲務實的評估，對於自己在別人眼中形成的觀感也有較爲準確的判斷。就心理層面而言，他們通常是最健康的一群人。

當然，這又牽扯到另一個問題：自我評價是自信的基礎，但我們對自己的評價有多切合實際？換言之，這份自信只是建立在心理偏誤（psychological biases）之上的主觀認定，常與事實不符，還是它符合現實世界的標準，能夠反映出我們相對於別人而言的專長與特質？

就拿外貌美醜來說好了。研究明白顯示，比起沒自信的人，有自信的人更相信自己生得美、長得帥⑤。但當科學家拿兩者的素顏照（沒有珠寶首飾或化妝品，純粹就是一張臉而已）

相比，他們馬上就發現事實不然。沒自信的人就跟有自信的人一樣美、一樣帥，但因爲沒自信，我們低估了自己的外貌，也因此不去把自己的優勢發揮出來，結果在外貌上獲得的好評就比較少。相形之下，有自信的人可能比沒自信的人穿著打扮更迷人，迷人的穿著打扮爲他們帶來較爲正面的評價，無形中又更加強了他們的自信。

缺乏自信對自我價值感的影響

我曾輔導過一個運動型的年輕人，他因爲「自卑得厲害」來做諮商。接下來，他苛刻地挑剔起自己的身材，但旋即話鋒一轉，批評起那些以身材健美出了名的明星，指出他們「顯而易見、令人反感的瑕疵」（說眞的，這些瑕疵只存在於他眼裡）。他一攻擊完布萊德・彼特（**Brad Pitt**）「手臂沒肉、兩隻腳跟雞腳一樣」，我就馬上對他說：「我不認爲你沒自信欸。是啦，你不滿意自己的身材，但你也不滿意別人的身材啊！」我一邊縮小腹一邊說：「你的自信

⑤ E. Diener, B. Wolsic, and F. Fujita, "Physical attractiveness and subjective well-being," *Journal of Personality and Social Psychology* 69 (1995): 120-29.

心或許有問題，但你看什麼都不順眼、整個人都不快樂才是更大的問題。我們來談談你是不是有憂鬱症的現象。」除了其他各種症狀以外，憂鬱症也可能導致我們看待一切人事物都很負面。再者，憂鬱症也會偽裝成自卑。

當然，不是每個負面看待人生的人都一定有憂鬱症，這種負面的態度也不見得代表沒自信。舉例而言，在多年以前，科學家認爲缺乏自信的人對人的成見較深，因爲他們對「異己」（例如不同種族或性別的人）的評價很負面。然而，缺乏自信的人對「自己」的評價也一樣負面⑥，當時的科學家卻忘了將這一點考量進去。所以，這些人對異己的負面評價不是成見所致，而是本身整體負面態度的一部分。一旦將他們對自己的評價也考量進去，研究人員就發現自視甚高的人其實比自視甚低的人更先入爲主。

最後要釐清的一點是，自信既包括一個人整體的自我價值感，也包括一個人在某個特定方面的自我觀感（例如身爲配偶、父母、朋友、律師、護士、高爾夫球手、電玩玩家等等）⑦。當一個人自認沒自信或有自信，這通常是針對整體的自我價值感而言，不是只針對特定的某一個方面。話雖如此，某一個方面若是對個人而言別具意義或舉足輕重，我們在這方面的自我觀感就會對整體自我價值有很大的影響。舉例來說，以料理爲志業的主廚如果覺得自己廚藝不佳，這件事對他造成的困擾就會比職業運動員更嚴重。所以，即使只是特定的某一個方面，一且它對個人而言意義重大，那麼在這方面的成敗也會改變我們整體的自我價值感。

大致了解有關自信的一些基本概念之後，現在就讓我們把焦點轉向自卑留下的心理傷害。

自卑造成的心理傷害

自卑會造成三種類型的心理傷害：一是讓我們更禁不起日常生活中種種情緒和心理上的打擊；二是在我們有「情緒養分」可以吸收時，妨礙我們汲取正能量和其他有營養的東西；三是讓我們覺得不安、無用、沒有信心和沒有力量。

提升自信可強化衰弱的情緒免疫系統，並爲心理健康受到的許多威脅提供緩衝。多數人都有這種經驗：在自我感覺很正面的時候，我們往往能對挫折、打擊或批評一笑置之，但在自信心低落的時候，生活中的不如意對我們的衝擊就大得多。爲能提升自信、成功挽救壞情緒，我

⑥ J. Crocker, and I. Schwartz, "Prejudice and ingroup favoritism in a minimal intergroup situation: Effects of self-esteem and threat," *Journal of Personality and Social Psychology* 52 (1987): 907-16.

⑦ M. Rosenberg, C. Schooler, C. Schoenbach, and F. Rosenberg, "Global self-esteem and specific self-esteem," *American Sociological Review* 60 (1995): 141-56.

們要對這些傷害是如何發威的有更清楚的概念。現在，就讓我們來了解一下相關細節。

1. 受到圍攻的小我：更易碎的玻璃心

自卑讓我們更禁不起日常生活中種種的不如意，就連無足輕重的失敗、拒絕或挫折都能長驅直入，翻過我們的心牆，突破我們的心防，直搗我們的五臟六腑。人在自卑的時候，就連稀鬆平常的「侮辱」都會對心情和人格有很大的影響，像是老闆在開會時不贊同地對你皺了皺眉頭、跟同事賭球賭輸了、或相約出遊的朋友放你鴿子。我們為這種事情自責。我們把這些「侮辱」想得太針對個人。比起自信心較高的時候，我們的心情要花更久才能平復過來。誠然，人在自卑的時候，日常生活中充斥的各種傷害和冒犯，很容易讓人感覺自己飽受來自四面八方的圍攻。

學界持續在探討自信提供的整體緩衝作用有多大（近來的研究才開始區分自信、自大和自卑），有大量的研究顯示，自信心較高（亦即不到自卑的地步）能讓一個人的心理韌性更強⑧，並至少在幾個方面提升情緒免疫力。

舉例而言，受到拒絕總是傷人自尊，但腦部掃描顯示，自信心低落的人遭到拒絕時，感覺會比自信心較高的人來得更痛苦⑨。此外，人在自信心低落的時候，一旦遭拒也更缺乏心理調適的能力。爲免未來再嚐到被拒絕的痛苦，人一般都會有退縮並跟別人拉開距離的反應。在某些情況中，心理上的脆弱和我們對於保護自己的努力，可能導致我們不斷把別人推開，以至於落入社交孤立或情感孤立的處境，置自己於飽受孤獨煎熬的風險之中。自信心低落還會讓我們更禁不起歧視，也更禁不起遭到歧視的經驗對自尊的打擊。

自信心低落之際，我們對失敗的承受力也更差⑩。一旦面臨失敗，自卑的人比自信的人受到的情緒打擊更大，意志也更消沉。此外，在失敗之後，自卑的人很可能比自信的人更難持之以恆，並誇大失敗代表的意義，認爲一次的失敗就代表自己一無是處，不止覺得自己處處是缺點，也把這些缺點看得比實際上更嚴重。失敗也會開啓惡性循環，讓本來就自卑的人甚至更自

---

⑧ J. Greenberg, S. Solomon, T. Pyszczynski, A. Rosenblatt, J. Burling, D. Lyon, L. Simon, and E. Pinel, "Why do people need self-esteem? Converging evidence that self-esteem serves an anxiety-buffering function," *Journal of Personality and Social Psychology* 63 (1992): 913-22.

⑨ K. Onoda, Y. Okamoto, K. Nakashima, H. Nittono, S. Yoshimura, S. Yamawaki, and M. Ura, "Does low self-esteem enhance social pain? The relationship between trait self-esteem and anterior cingulate cortex activation induced by ostracism," *Social Cognitive and Affective Neuroscience* 5 (2010): 385-91.

⑩ J. D. Brown, "High self-esteem buffers negative feedback: Once more with feeling," *Cognition and Emotion* 24 (2010): 1389-1404.

卑，未來又因此更禁不起失敗。

自卑也讓人更容易陷入焦慮。一項研究檢驗了緊張刺激的情境所引起的反應。研究人員告訴參與者說他們要接受「令人不舒服的電擊」（倒不是說天底下有什麼令人舒服的電擊，但現今的電擊測試總不至於痛到骨子裡；而且，多數研究從沒真的電過參與者，因爲研究人員有興趣的是人預期自己要被電的焦慮，而不是人眞的被電得吱吱叫的反應）。研究人員對其中一組等著被電的參與者進行心理干預，以提升他們的自信（他們被告知自己的語文智商❷測驗分數奇高），另一組則未受到心理干預。相較於未受干預組，自信提升組在等著被電時的焦慮明顯低了許多。

自信心低落之際，人體對壓力的反應也比自信心較高時來得差⑪，導致我們更容易陷入憂鬱、焦慮，乃至於產生各種壓力相關的不適與症狀。直接針對皮質醇（cortisol，又稱可體松）等壓力荷爾蒙所做的觀察顯示，自卑的人對壓力的反應普遍比自信的人差，前者血液中的皮質醇濃度也居高不下。皮質醇濃度高和高血壓、免疫系統功能衰弱、甲狀腺功能低下、肌肉和骨質密度減少、認知表現不佳都有關係。

自信之所以能緩和壓力對身心雙方面的衝擊，其中一個原因是人在自卑時往往會把負評看得更重，誇大負面評價背後的涵義和可能的後果。更麻煩的是，人的壓力越大，自我控制的能力就越差。自我控制力差，人就有可能出錯或失敗，接著又因爲出錯或失敗嚴厲譴責自己，如此一來，自信心又受到更嚴重的打擊。

自信、壓力和自我控制

魯迪是一名工作壓力大到極點的商品經紀商，他爲了困擾已久的賭博問題來做諮商。隨著工作壓力的累積，魯迪會有強烈的衝動想去大西洋城❸賭一整晚。只要工作壓力居高不下，他就能抗拒這股衝動。但當壓力一減輕，他的意志力就會動搖。在一時的鬆懈之下，他就會忍不住殺去賭一把。豪賭往往會讓魯迪付出數千、甚至數萬美元的代價，這種損失他可吃不消。而在這樣的插曲過後，讓他甚至更厭惡自己的是：他很清楚壓力在這種惡性循環中扮演的角色，他也知道自己賭癮發作的前兆（壓力在一段高壓期過後減輕）。然而，清楚歸清楚，知道歸知

---

❷語文智商和作業智商為魏氏智力測驗涵蓋的兩大層面（魏氏智力測驗為目前世界上普遍採用的智力測量工具）。

⑪ S. C. Lee-Flynn, G. Pomaki, A. DeLongis, J. C. Biesanz, and E. Puterman, "Daily cognitive appraisals, daily affect, and long-term depressive symptoms: The role of self-esteem and self-concept clarity in the stress process," *Personality and Social Psychology Bulletin* 37 (2011): 255-68.

❸ Atlantic City，美國以賭博聞名的旅遊勝地。

道，魯迪還是無力阻止這種自毀的行為。

到魯迪出現在我的會談室時，他已經賭掉全部的存款和大半退休金，也賭掉了他的房子，只能搬去跟朋友住了。無須贅言，他的自信心跌到有史以來的新低點。魯迪決心改掉惡習，但他任職的公司是龐大壓力和惡性循環的溫床。然而，還有一個原因使得他的情況更緊急，那就是魯迪年邁的雙親在幾年前簽了授權書，授權魯迪動用他們的資產。魯迪擔心父母的房子也有可能被他賭掉。魯迪的父母年老體弱，而且渾然不知自己的兒子有賭癮。有鑒於此，魯迪擔心向父母坦白並取消授權會傷透他們的心，甚至可能危及他們的健康。

魯迪是很極端的例子，但這種在壓力下產生的自誤行為並不罕見。壓力會大大削弱意志力和自我控制力，讓人甚至毫不自覺地恢復無意識的舊習慣⑫。舉例而言，在壓力大的日子裡，節食者可能心不在焉地走出超市開車回家，到家才驚覺自己剛剛買的不是生菜沙拉，而是一大桶炸雞。

精神和情緒的疲勞可能才是意志薄弱的罪魁禍首。但在自信心低落之際，我們比較不會把意志力動搖歸咎於疲勞，反而會認為問題出在我們的人格根本就有缺陷。如此一來，我們的自信心就又再減一分，未來一旦意志力有所動搖，我們又更有可能不必要地怪罪自己。

好消息是，研究發現，提升自信心的手段有助於處理失敗、遭拒、焦慮和壓力，尤其是壓力⑬。這些發現儘管令人振奮，它們也只顯示出提升自信心的好處，沒有闡明實際上要如何提升自信心。科學家往往會用語文智商測驗得高分之類不實的甜言蜜語，來提升研究對象的自信心。顯然，我們不能整天對著自己灌迷湯，騙自己說你有多聰明，或至少多數人沒辦法這麼做。但這些實驗的結果代表一種「概念驗證」（proof of concept），證明了「提升自信心可強化情緒免疫系統及情緒適應力」這個概念。

2. 少哄我了！：人為什麼排斥正面的回饋和情緒營養品？

自卑讓人更禁不起種種不如意，彷彿這還不夠糟，研究人員甚至發現，自卑也限制了我們從正面經驗獲益的能力⑭。在一項研究中，研究人員先放悲傷的音樂，讓受試者情緒低迷，接

---

⑫ L. Schwabe, O. Höffen, M. Tegenthoff , and O. T. Wolf, "Preventing the stress-induced shift from goal-directed to habit action with a β-adrenergic antagonist," *Journal of Neuroscience* 31 (2011): 17317-25.

⑬ S. E. Taylor and A. L. Stanton, "Coping resources, coping processes, and mental health," *Annual Review of Clinical Psychology* 2 (2007): 377-401.

⑭ R. A. Josephs, J. Bosson, and C. G. Jacobs, "Self-esteem maintenance processes: Why low self-esteem may be resistant to change," *Personality and Social Psychology Bulletin* 29 (2003): 920-33.

著再讓他們選擇要不要看搞笑錄影帶，振奮自己的情緒。結果有自信的受試者迫不及待把握大笑一場的機會，自卑的受試者就算認爲看錄影帶有助改善情緒，他們還是會拒絕。

自信心低落之際，我們可謂全面排斥正面經驗和正面訊息，包括那些攸關自我價值、有助信心重建、強化情緒免疫系統的正面回饋在內。即使亟需得到正面回饋，在自信心低落之際，我們卻很有可能拒絕它、迴避它，有時甚至對它反感極了。

寶哥是一個年近三十的單身漢，表面上看來，他就像一位得天獨厚、無往不利的南方紳士❹——高大帥氣，工作穩定，健健康康。但說到他的私生活，寶哥卻過得很慘澹。他沒有所謂的人際圈可言，屈指可數的幾個朋友似乎對他極盡踐踏之能事。朋友們常常放他鴿子，讓寶哥一個人在街上或電影院或餐廳痴痴地等，也總在派對結束後才告訴他。他們毫不留情地批評他。他們不時向他借個幾千幾百美元，卻從來不曾還過錢。寶哥急著找個可以跟他定下來的對象。但在這方面，他的朋友們也是專門幫倒忙。有幾次，寶哥試著在社交場合上與女性攀談，朋友們就會跑來加入談話，「開玩笑地」虧他、損他。有時候，他們甚至跟寶哥已經表示有好感的女性打情罵俏起來。儘管寶哥表面上條件很好，他卻很難交到女朋友。一旦交到了，交往的時間也撐不過幾星期。

寶哥知道他最大的問題是自卑。事實上，他來做諮商時告訴我的第一件事，就是他是公認的「自勵迷」，很迷一些自我激勵的相關產品。自我激勵指的是有關自我價值、目標和未來的肯定語句，你或讀或聽，或把這些肯定的語句大聲對自己說出來。一般普遍認爲這麼做對一個人的自信、內在力量、動力和身心健康都有幫助。而不管哪一種自我激勵產品，寶哥全都試過了。他讀《祕密》（*The Secret*）並練習「吸引力法則」。他啜飲《心靈雞湯》（*Chicken Soup for the Soul*）。他戴著昂貴的耳機睡覺，個人化的訊息透過耳機傳來，改變他的「神經運作」並「矯正他的腦波」（幾星期下來，唯一有所改變的就是他的銀行存款）。他聆聽數不清的潛意識洗腦訊息，例如「我是有價值的」、「我是有能力的」。儘管這些正向肯定句是以粗體字印在商品包裝上，他還是言之鑿鑿地對我說，這些訊息是經由「潛意識」的層面傳達給他。

在爲這些產品花了多年時間和大把金錢之後，寶哥就像眾多的自勵迷一樣，還是覺得自己沒有價值也沒有力量。這牽扯出兩個問題：首先，沒有一個自我激勵產品有用，寶哥爲什麼還要一直投入時間與金錢？其次，爲什麼這些產品弱化而非強化了寶哥的情緒免疫系統？

寶哥之所以卡在這裡沒有進展，其中一個原因在於自信心是一種很主觀的東西。一個人要判斷自己的自信有沒有提升，靠自我評量其實不太準（除非借助於較爲客觀的評量方式，

---

❹美國人心目中的南方紳士，大概是像《亂世佳人》中白瑞德的那種形象。

例如用科學方法研擬出來的自信心測驗，或其他具體的標準）。事實上，已有大量研究顯示，人很有可能不自覺地扭曲自己在開始使用自勵產品前的記憶，以至於相信這些產品對自己有幫助，儘管實際上不然⑮。

舉例而言，一項研究針對一件熱門的自我激勵產品做了實驗，這件產品是讓消費者用錄音帶聽正向肯定句。研究人員分別在聽錄音帶前後測試參與者的自信程度，結果發現他們非但沒有更自信一點，有些人甚至變得更自卑了。但儘管赤裸裸的事實擺在眼前，參與者還是開心地表示他們覺得有自信多了，因為他們不自覺地扭曲了自己的記憶，以為自己在聽錄音帶之前更自卑。這就是為什麼許多虛假的自我激勵產品會那麼熱賣，而且擁有這麼浮誇的使用者見證，儘管它們一點效果也沒有。

這就牽扯出第二個問題：為什麼自我激勵產品只是讓諸多使用者更自卑，而不是更自信？要回答這個問題，我們得稍微岔出去，聊一下「說服」的原理。有關說服的研究早已證明：外來的訊息若是符合你原先既定的想法，對你就會具有說服力；若是與你既有的想法大相逕庭，通常就完全不會被接受。如果我們自認其貌不揚，相較於「天啊，你好美喔，美到我都不能呼吸了」，我們比較有可能接受「你今天氣色不錯」這種讚美。由於自我激勵是要改變我們對自己的觀感，所以，內容是否符合我們原先對自己的想法，對成效而言就有舉足輕重的作用。像寶哥這樣自卑的人，就算聽一堆正向肯定句也沒用，因為這些訊息跟他本身既有的自我觀感大相逕庭，不但會被認為虛假不實、全盤不予接受，而且其實還會適得其反，強化了恰恰相反的信念。

近來一項研究就測試了正向肯定句的效用，結果證實它們的害處可能多過好處[16]。在其中一次實驗中，研究人員請實驗對象填完各式各樣的問卷，接著再請他們指出一項自認沒有但很想擁有的特質。接下來，研究人員告訴實驗對象一個好消息（儘管是假消息），說他們其實已經擁有自己渴望的特質了。聽到這個好消息，實驗對象的感受卻變得更惡劣，自信心也顯示出下降的跡象。換言之，最需要正向肯定的人（像是寶哥），就是最不可能從正向肯定中獲益的人（而且最有可能深受其害），因為他們很可能覺得這種訊息跟他們目前的自我概念落差太大。自我激勵產品非但沒有強化情緒免疫系統，還可能使得它弱上加弱。

---

⑮ A. R. Pratkanis, J. Eskenazie, and A. G. Greenwald, “What you expect is what you believe (but not necessarily what you get): A test of the effectiveness of subliminal self-help audiotapes,” *Basic and Applied Social Psychology* 15 (2010): 251-76.

⑯ J. V. Wood, W. Q. E. Perunovie, and J. W. Lee, “Positive self-statements: Power for some, peril for others,” *Psychological Science* 20 (2009): 860-66.

當一個人長期處於自卑的狀態，無價值感就變成自我認同的一部分。我們習慣了這樣活著，抱著沒有價值的自我認同才自在。自卑的人往往覺得受到惡評還比較自在，因爲惡評證實了他們既有的自我觀感。一項研究發現，課業表現不佳的大學生受到有助建立自信的鼓勵，實際得到的結果反而是成績退步⑰。另一項研究發現，自卑的大學生如果有個欣賞他們的室友，室友對他們的評價好過他們對自己的評價，他們往往會想換室友⑱。的確，自卑和我們對正面訊息的排斥，尤其會對我們的人際關係構成問題。

自卑和人際關係

比起自信的人，自卑的人更容易懷疑伴侶對他們的感情，他們在婚姻和戀愛中的滿足感也較低。在自信心低落之際，我們對伴侶的拒絕和反對格外敏感，不僅會過度負面地解讀諸如此類的訊息，也很容易以偏概全地誇大伴侶的本意，以爲自己受到了更大的否定。

感情應該是也可以是支持和讚美的來源，所以感情也是自信心的來源。但對自卑的人來說，要接受伴侶的正面訊息卻難如登天。收到能爲情緒補充養分的正面訊息，他們往往會像刺蝟般防衛起來。以讚美來講，說一個人體貼算是很溫和的讚美了。但在一項研究中，光稱讚自卑的人是個體貼的男友或女友，就足以讓他們對伴侶更沒有安全感，並且更負面地看待兩人之間的關係⑲。

不管有多渴望得到正面的回饋和肯定，在自信心低落之際，來自伴侶的讚美、安慰和褒獎都會讓我們壓力很大，深怕自己達不到他們越來越高的期望。我們擔心自己堅持不下去，到頭來終究會讓他們失望（即使他們的期望完全在我們能力所及的範圍內）。我們擔心他們的愛是有條件的，要看我們能不能達到期望來決定。於是，自卑的人沒辦法享受讚美應該帶來的緊密與親近，他們對讚美的反應常是退縮、疏遠和封閉。不幸的是，拉開距離、擺出防衛姿態的策略往往很「成功」，它成功降低了伴侶對我們的期望、讓伴侶對我們的印象扣分，並成功破壞了這段關係的完整與長久。

---

⑰ D. R. Forsyth, N. K. Lawrence, J. L. Burnette, and R. F. Baumeister, "Attempting to improve academic performance of struggling college students by bolstering their self-esteem: The intervention that backfired," *Journal of Social and Clinical Psychology* 26 (2007): 447-59.

⑱ W. B. Swann and B. W. Pelham, "Who wants out when the going gets good?" *Journal of Self and Identity* 1 (2002): 219-33.

⑲ S. L. Murray, J. G. Holmes, G. MacDonald, and P. C. Ellsworth, "Through the looking glass darkly? When self-doubts turn into relationship insecurities," *Journal of Personality and Social Psychology* 75 (1998): 1459-80.

的確，在寶哥眼裡成功又有魅力的女性，一旦犯下稱讚他浪漫、善良或體貼的錯誤，寶哥和對方的發展就會急轉直下。「天啊，她一點都不了解我。」寶哥會自嘲地貶低自己：「她不知道我有多爛！」接下來，寶哥就會不自覺地努力表現出他的各種「爛」。果不其然，對方最後就會斷然求去，結束他們曇花一現的求愛。而寶哥這時又會把對方的拒絕當成證據，證明他裝不了多久就會露出（不討人喜歡的）眞面目。事實上，寶哥唯一不討人喜歡的地方就是他的自卑，可悲的是他對此渾然不覺。

3. 慢性背痛：自卑如何讓人感覺無力

寶哥的情緒免疫系統弱到極點，讓他很難從「兄弟們」對他的各種拒絕與背叛中平復過來。就算再怎麼掩飾，每次背後又被捅一刀，他就比之前又更自卑了一分，差勁、不配、沒資格的感覺又更重了一點。寶哥知道自己被朋友視爲理所當然，也知道自己被朋友占盡便宜。整體而言，這些朋友就是對他很不好，但他卻覺得自己什麼也做不了。他不止無力避免自己落入這種處境（例如拒絕借錢給朋友），也覺得躲不開這些勢必會傷害他的人。寶哥不願改變自己的社交生活，他給自己的理由是：「就算是損友，我寧可有朋友，也不要沒朋友。」

研究再再顯示，自卑的人在團體和社交場合中不太出聲⑳。在發覺自己陷入不愉快的人際關係中時，他們也不太會主動抽身。面對人際互動，自卑讓人發自內心覺得沒安全感、沒信心、沒人要。在「別無選擇」的心態之下，我們就會覺得自己無能爲力，沒辦法有主見。我們漸漸認定就算是設下合理的底線、提出合理的要求、或表達合理的期待，別人都會一口回絕，甚至像丟燙手山芋般，立刻把我們丟開。當然，別人很快就會發現我們都不吭聲、不反駁、不叫屈，無形中他們就受到了鼓勵，益發把我們視爲理所當然，未來甚至更不顧我們的需求和感受。

以寶哥的例子而言，當他反抗或挑明了說出朋友對他不好的地方，有些朋友是眞的會駁斥他，但也有些朋友願意接受。我試著讓他明白，爲自己發聲就像一張石蕊試紙，你可以藉此測試每一段友誼的品質與可能性。哪怕是只有那麼一點點在乎，眞正在乎他的人一旦受到他的反抗，多多少少都會表現出接納或諒解，寶哥的友誼大可建立在這些基礎上。至於那些不在乎的人，壓根就不值得他交朋友。

---

⑳ R. F. Baumeister, J. D. Campbell, J. I. Krueger, and K. D. Vohs, “Does high self-esteem cause better performance, interpersonal success, happiness, or healthier lifestyles?” *Psychological Science in the Public Interest* 4 (2003): 1-44.

這裡要澄清一點：寶哥的朋友不見得是壞人，儘管他們也不可能獲頒什麼人道主義獎。多數人都不會花不必要的力氣，所以如果不那麼善體人意也可以，不那麼知恩圖報也沒關係，或者不必付出就有得白拿，很多人都不會客氣。不是因爲我們很壞，而是純粹因爲我們可以。別人如果對我們有更多的要求或期待，我們就會做得更多。但當別人對我們沒有要求也沒有期待，我們就不會花那個力氣。幾乎所有的人際關係都存在這種交互作用。若是因爲自卑心理作祟，導致我們對別人沒什麼期待，那麼，我們從別人身上可能也就得不到什麼回報。

一旦友誼已經建立起來，要改變這種互動模式就很困難，因爲這等於是事後才來「變更交易條件」，對方已經根據特定的假設與期待來對待我們了，我們才說不要。這就是爲什麼從剛開始往來的時候，我們就要很注意自己設下的期待。寶哥面臨的挑戰是要分辨值得保留的朋友，並設法「變更交易條件」，他才能從眞正在乎他的人身上得到對等的回報與支持，並制止不在乎他的人持續打擊他的自信。

四十歲的乳癌倖存者格蘭迪絲是另一個自卑的例子。不過，和寶哥的情況不同，她不是一直以來都爲自卑所苦，而是近幾年所受的打擊才造成她的自卑。幾年前，格蘭迪絲化療到一半，先生就無預警離開了她，而且他做得很絕，竟選在她動完雙邊乳房切除術出院那天，找人到醫院外頭等她，代他轉交離婚協議書。

格蘭迪絲的身體幸運挺過癌症、化療、雙邊乳房切除術和後續的幾次重建手術，但她的自信心卻沒那麼幸運。她不止無法克服前夫在生死關頭棄她而去的打擊，也始終無法諒解他拋棄她的方式。當我見到格蘭迪絲的時候，她身上沒有一絲生命鬥士的痕跡，也看不出來她在高中時曾是獲獎無數的田徑選手，更看不出來她是離婚後從零開始創業有成的網頁設計師。相反的，你只看到一個怯懦、優柔寡斷、沒有安全感的人。

格蘭迪絲確實有一群好朋友（其中有很多也是乳癌倖存者），但自從離婚之後，她就不曾跟異性約會過一次，尤其因爲她在家工作，很少有機會認識合適的對象。然而，最終促使她來做心理治療的關鍵是她的自卑也開始影響到她的事業和收入了。

「我向來不是一個主見很強的人，但打從前夫離開我之後，我又變得比之前還更軟弱。我的個人工作室連帶受害，因爲我常常拿不到應得的報酬，還老是被拗去做一堆免費的額外工作。我就是不擅長硬起來要求別人。我也不是沒試過，但在他們的威脅與施壓之下，最終我總會讓步。」格蘭迪絲接著說她最大的客戶也是最壞的客戶。即使已經拿到很大的優惠和折扣，這位客戶還是一直得寸進尺。格蘭迪絲怕她如果拒絕這些要求，這家公司就會把案子發給別人。對她來講，這代表財務上很嚴重的損失。

就像寶哥覺得無從對朋友提出要求或設下底線，格蘭迪絲談起案子來也覺得沒有把握、沒有信心、無能爲力。寶哥和格蘭迪絲都自認「活該被人這樣對待」，都是自己的個性和弱點害得自己沒有價值。缺乏主見和骨氣是情緒免疫系統衰弱的直接結果。正因爲情緒免疫系統衰弱，他們才會覺得自己一旦硬起來，只會換來難以承受的傷害、拒絕和災難。

治療自卑心理傷害的五帖處方和使用原則

一個人的自信總會起起伏伏，就連整體而言很有自信的人也難免有自卑的時候。這種一時的自卑大抵不需要情緒急救，因爲通常要不了多久，我們就能平復過來了。然而，要是一直自卑不已，或親朋好友對我們很差勁、很不尊重，我們都覺得沒辦法爲自己挺身而出、設下底線，那就需要處理一下心理所受的傷害，提升一下我們的自信了。

本章開出的藥方應有助於「止血」，並讓我們踏上提升自我價值感之路。然而，要從根本上改善自信問題，既需要時間，也需要很多的努力。本質上，自信心是人生和人際關係成功的結果。將本章教的辦法內化並加以運用，雖不能在一夜之間改變自信，但可以給我們累積成功經驗的工具。久而久之，這些成功的經驗就會強化我們的自信，讓我們的自信心更穩固。所以，除了在第一時間提供情緒上的安慰，接下來談到的療法應該天天練習、養成習慣。現在，讓我們打開心理急救箱，看看有哪些治療選項。

自卑削弱情緒免疫系統，並造成三種心理傷害：一是讓人更禁不起打擊；二是讓人對正面的回饋不以爲然，排斥吸收情緒營養品；三是讓人覺得沒有把握、無能爲力。本章提出的五帖處方用於矯正自我批評的習慣和負面的自我觀感，尤其是在自信心受到打擊之後，或如果進入了壓力越來越大的時期。

請依下列順序服用這五帖處方：處方一（寬待自己）有助防止自我批評損害本來就很弱的情緒免疫系統。處方二（找出並肯定自己的強項）和處方三（提升對讚美的耐受力）旨在找出、肯定及重拾被自己忽視或貶低的長處、特質和能力。處方四（增強內在力量）和處方五（加強自我控制）旨在重建自信心，賦予自己有力量的感覺。針對何時該諮詢心理衛生專業人士，本章結尾會提出評估的標準。

處方一：寬待自己，把腦袋裡的自我批評關靜音

想像你目睹一名精神虐待型父母在罵小孩成績不好。這位家長毫不留情地對孩子發動言語攻擊，極盡譏諷和貶損之能事，沒有流露一絲絲的心疼、支持或同理。孩子受到接二連三的砲轟，此時臉上寫滿受傷的表情。多數人都不忍心見到這一幕，尤其如果你也是在這種父母的教養之下長大。我們甚且當場就會立刻發誓，將來絕對不用這種凶惡、殘忍、傷人的方式對待自

己的孩子。

然而，人在自卑的時候，這就是我們對待自己的方式。我們用最嚴厲、最苛刻的字眼，責備自己犯下的過錯、面臨的失敗、遭到的拒絕和遇到的挫折。我們罵自己「魯蛇」、「笨蛋」，我們板起面孔對自己「說教」，我們在腦海裡一幕幕重播往事，反覆咀嚼自己的不當和缺失。換言之，我們對自己甚至比虐待型父母對孩子更壞。當我逮到個案在腦海裡播放這種殘害自己的「內在原聲帶」，並向他們指出來時，他們通常會連忙說：「我知道不該拿這件事自責，但……」緊接著，他們就會為自己的自責找理由。當我問他們會不會這樣對待自己的孩子、朋友或另一半，他們又會一臉驚恐地看著我，彷彿那是不堪設想之事。

人在自卑之際，一不小心就會落入這種雙重標準的陷阱。原則上，我們認為「人所不欲勿施於己」——如果我們覺得惡狠狠地責備別人不好，那我們也不該惡狠狠地責備自己。但理智棄我們而去，我們很難堅守這種原則。在情緒免疫系統衰弱的時候，我們應該竭盡所能強化免疫系統，而不是加倍摧毀它，這是最簡單也最基本的道理。要對自己發揮同理心，我們首先要做的就是擁抱這個道理。消除腦海裡自虐的聲音，改採好言好語的方式給自己支持，絕對是當務之急。

每當我一提出對自己發揮同理心的建議，自卑的人聽了的反應往往是反彈。他們怕關掉自虐的念頭、對自己溫柔以待只會讓他們「鬆懈」下來，表現得更差，進而又導致自信心更低落、更不堪一擊。但這種憂慮完全沒有根據，因爲研究顯示的結果恰恰相反。練習對自己發揮同理心，其實能強化我們的情緒免疫系統。一項研究發現，自我同理緩和了即將入學的大一新生想家、憂鬱和他們對校系選擇不滿意的情緒㉑。在其他研究中，練習自我同理的人較快從分居和離婚㉒、失敗和遭拒㉓的情緒打擊中平復過來。

儘管對自己發揮同理心有明顯的好處，人在自卑之際要這麼做還是很難，因爲這對我們原來的思考方式來說太陌生了，所以在一開始，練習自我同理可能讓人感到不自在，甚至引發更重的焦慮。也所以我們必須下定決心，非關掉腦內原聲帶目前播放的灰暗曲目不可。一旦我們眞心接受自己需要的是安慰與同理，而非情緒上的虐待，我們就能展開下面的練習。

㉑ M. L. Terry, M. R. Leary, and S. Mehta, “Self-compassion as a buffer against homesickness, depression, and dissatisfaction in the transition to college,” *Self and Identity*, in press (2012).

㉒ D. A. Sbarra, H. L. Smith, and M. R. Mehl, “When leaving your ex, love yourself: Observational ratings of self-compassion predict the course of emotional recovery following marital separation,” *Psychological Sciences* 23 (2012): 261-69.

㉓ K. D. Neff, “Self-compassion, self-esteem, and well-being,” *Social and Personality Psychology Compass* 5 (2011): 1-12.

對自己發揮同理心

以下的寫作練習總共要練習三次，每次挑一件往事來寫（如有可能，至少包括一件近期發生的事）。盡量每天寫一件事，如此一來，你就可以一口氣在三天之內完成這個練習。

1. 我們都有過失敗、難堪、受辱或遭拒的經驗，這些遭遇讓我們忍不住挑自己毛病，對自己抱持負面的觀感。從這些遭遇中選一件事，細述來龍去脈和你對這件事的感受。

2. 想像這件事發生在你的親朋好友身上，事後這位親友因此變得很自卑。試想那個人在相同的處境中會有什麼反應和感受，從他的角度描述這整件事。

3. 你不忍心看到那個人痛苦，於是決定寫一封信給他，這封信的目標很明確，就是要讓他好過一點。請務必在信中對他的遭遇表達善意、理解和關懷，並提醒他為什麼他值得支持與同理。

4. 現在，再次描述你自己的遭遇和你對這件事的感受，不過，這一次請盡量以客觀的眼光、諒解的態度看待這件事和你的感受，注意不要用批判或負面的語氣。舉例而言，你可以寫說約會對象後來就沒再跟你聯絡，因為這是客觀的事實，但不要寫說約會對象認為你很失敗，因為這不是事實，而是你對自己的批判。或者，你可以寫說你在做報告的過程中出了錯，但不要寫說同事因此瞧不起你，因為不管你如何解讀同事的反應，人在自卑的時候很容易採取負面的角度，誤解旁人的表情。

處方一摘要

- **藥名**：自我同理
- **用法用量**：連續服用三日，定期反覆服用，直到自我同理變成一種根深柢固、自動自發的反應。
- **主要療效**：加強情緒適應力，鞏固脆弱易碎的玻璃心，減少自我批評。
- **次要療效**：降低對正面回饋的反抗。

處方二：找出自己的強項，肯定自己的長處

像寶哥（就是那位自卑的南方紳士）這樣的自勵迷，倒也不必對自我激勵死心。雖然那些正向肯定句對自卑的人來講可能有反效果，但許多句子的內容其實可以調整一下，讓人更容易消化（例如改成肯定自己在受到虧待時採取行動的需求）。寶哥不願就此放棄自我激勵，但他同意把那些句子的內容調整一下，融入一些行動導向的元素，例如：「身爲債主，開口要錢沒什麼不好意思的，對方不按時還錢才應該不好意思呢！」以及：「朋友惹我不高興時，我有權說出自己的感受。」

話雖如此，比起用自己想要但自認沒有的特質來激勵自己，如果能找出本身既有的可貴特質，像是可靠、專一或敬業，針對這些特質多加肯定，才是激勵自己更有效的方式。提醒自己：你再怎麼不好，也還是有重要的價值。這樣的自我肯定不僅是一帖立即見效的自信特效藥，也能讓我們更禁得起拒絕或失敗㉔。

用這種方式來肯定自己還有另一個好處，那就是即使這些特質和當下的情況無關，我們還是能從中獲得對自己的肯定。舉例而言，如果是因爲沒能獲得升遷覺得很受傷，我們不需要爲了讓自己好過一點，拚命肯定自己身爲員工的價值。在升遷失敗的情況下，意圖說服自己說你值得升遷，反正只是一種強迫推銷。與其對自己強迫推銷，我們還不如肯定自己是個好爸爸、

好太太、好哥哥、貼心的朋友、拼布界的第一把交椅或善於傾聽的人，這就足以讓我們懷著較爲良好的自我感受，走出老闆的辦公室，即使沒有爭取到我們想要的新頭銜。

理想上，我們應該在自信心有可能受到打擊的情況發生之前（亦即在重要的約會之前、在考試之前、在面試新工作之前），事先練習自我肯定。這也是爲什麼最好養成常常練習自我肯定的習慣，因爲我們未必能預測自信心何時會遭到打擊。話雖如此，在遭到打擊之後，練習自我肯定還是有很大的好處。

㉔ C. R. Critcher, D. Dunning, and D. A. Armor, "When self-affirmations reduce defensiveness: Timing is key," *Personality and Social Psychology Bulletin* 36 (2010): 947-59.

情緒自救練習22

自我肯定

盡量常做以下的寫作練習（每週一次雖好，每天一次又更好）。在面臨高壓期（例如會計師面臨繳稅季、大學生面臨期末考）或有可能打擊自信的情況（例如申請學校或應徵工作時），做這個練習尤其重要，因為這是自信心最脆弱易碎的時候。做這個練習需要兩張白紙。

1. 在第一張白紙上列一份清單，寫下你的優點與特長，包括對你來講事關重大或別具意義的成就。至少十項，多多益善。

2. 在思考這份清單的內容時，萬一冒出負面、痛批自己或冷嘲熱諷的念頭，例如「老闆覺得我是飯桶」、「我是人生失敗組」、「瞧瞧我都會些什麼？我會打瞌睡，還有……我很會呼吸」，請寫在第二張白紙上。

3. 從第一張紙上挑一個對你別具意義的項目，針對此一特質、成就或經驗為什麼對你特別有意義，以及你希望它在你的人生中發揮什麼作用，寫一篇短文（至少寫一段）。

4. 寫完這篇短文就拿出第二張紙，把第二張紙揉成一團丟進垃圾桶裡。垃圾桶才是它該去的地方。

5. 在接下來的日子裡，從你的正面特質清單中挑選其他項目，最好是每天都寫一篇短文，直到整份清單上的項目都寫完為止。歡迎隨時添加更多項目到這份清單上，或針對特定的項目多寫幾篇短文。

處方二摘要

- **藥名**：找出你的強項，並加以肯定
- **用法用量**：持續服用到你把第一份清單上的項目都寫完為止。每當你可能要面臨壓力大或自信心受挫的情況時，就再重複服用。
- **主要療效**：加強情緒適應力、鞏固脆弱易碎的玻璃心、減輕無力感。
- **次要療效**：降低對正面回饋的反抗，並減少自我批評。

處方三：提升對讚美的耐受力

自卑讓人很難接受正面的肯定，並用這些養分來重建自信，尤其是來自周遭親友的讚美與好評。相反的，自卑的人比較習慣從周遭尋找負面評價的線索，因爲這才符合他們對自己的（錯誤）認知。惡評適足以爲他們證實自己就是沒價值、沒資格。

這種對讚美的排斥既是有意識的，也是無意識的。所以，有些人知道旁人的讚美讓自己很

不自在，但也有很多人對此渾然不覺。這種不自覺尤其會在伴侶之間造成問題，因爲自卑不僅會讓人排斥來自伴侶的正面交流，也會讓人有退縮和貶低這份感情的反應。順帶一提，我的研究樣本主要是大學生和青年人。在我的經驗中，長期穩定交往的伴侶往往較能察覺對方或雙方對讚美的排斥，一旦察覺到了，他們就不會再對排斥讚美的人說出正面的肯定。當然，如此一來只會讓自卑的人更自卑，因爲從最了解自己的人口中聽不到讚美、得不到肯定，本來就對建立自信沒有幫助。

好消息是，有幾項廣泛涵蓋各個年齡層的研究顯示，我們若能肯定自己身爲伴侶的價值，至少就能提升我們對一段感情的自信[25]。一旦能肯定自己身爲伴侶的價值，在「伴侶對我們的讚美」和「我們對自己的觀感」之間，落差就不會那麼大，我們也就比較不會排斥或拒絕來自伴侶的讚美。肯定自己身爲伴侶的價值，不僅能藉由提升自信改善我們對自己的觀感，也能改善我們對伴侶的觀感，甚至改善我們對這段感情本身的觀感。

㉕ D. A. Stinson, C. Logel, S. Shepherd, and M. P. Zanna, "Rewriting the self-fulfilling prophecy of social rejection: Self-affirmation improves relational security and social behavior up to 2 months later," *Psychological Science* 22 (2011): 1145-49.

提升對讚美的耐受力

接下來的寫作練習既可以也應該常做，建議一週一次，如有可能就提高頻率。

1. 回想某一次伴侶或親友對你表達讚賞、喜愛或滿意的經歷，例如稱讚你的個人特質，或你做了什麼讓對方大受感動的事情。描述那次經歷，並說明在當下是什麼讓人對你有正面的觀感。
2. 展現出這項特質或行為對你而言有什麼意義？
3. 有這項特質或有這種表現為你的親情、友情和愛情帶來什麼好處？
4. 除此之外，這項特質或這種表現對你的人生還有什麼重大的貢獻，或是別具意義的作用？

處方三摘要

・**藥名**：提升對讚美的耐受力
・**用法用量**：持續定期服用，直到你能從容面對讚美。每逢自信受挫即重複服用。
・**主要療效**：減少對正面回饋的排斥，提升相對應的自信，比方如果別人讚美你的外貌，那你對外貌的自信就隨之提升。
・**次要療效**：加強情緒適應力，鞏固脆弱易碎的玻璃心，減輕無力感。

處方四：增強自身的內在力量

那些保證讓人覺得自己更有力量的文章、書籍和產品，絕大多數都沒發覺它們的想法有一個關鍵漏洞——內在力量不是一種虛無縹緲的感覺，而是一種要能實際發揮出來的東西。沒錯，在讀完一本有關如何改善婚姻關係的書之後，我們是有可能頓時覺得充滿力量。但除非我們能主動和另一半開啟有建設性的對談，實際改善兩人之間的關係，否則我們就跟看這本書之前一樣，沒有什麼力量可言。要對自信心有幫助，這種有力量的感覺還要有證據的支持才行㉖。事實要能證明這份力量確實在生活各層面發揮了影響力，無論是在人際關係當中，在社會上或專業上，還是身爲公民的角色，或甚至身爲消費者的角色。

要將自卑改造成堅定的內在力量，聽起來可能難如登天，但要爲自己賦予力量有一個好用的技巧，那就是先把某一方面做好。在某一方面大展身手並嚐到甜美的果實，往往會讓我們也產生掌握人生其他方面的力量。明智地選擇自己的戰場，從簡單的小地方做起，內在力量的雪球很快就會越滾越大，因爲就連小小的勝利也能大大鼓舞自信心，讓人整體感覺更有力量、更有成效，也對自己更有把握。

舉例而言，很多人可能都有這種經驗：你向客服投訴，結果順利解決了問題，像是成功取消銀行對帳單上的扣款之類的。你頓時覺得很「振奮」，於是你大搖大擺地走到孩子的臥房，態度堅定地叫正值叛逆期的孩子收拾房間。你難得展現這種威儀，幾個月以來，孩子第一次沒有回嘴，乖乖照做。

㉖ L. B. Cattanco and A. R. Chapman, "The process of empowerment: A model for use in research and practice," *American Psychologist* 65 (2010): 646-59.

因爲在成功經驗的鼓舞之下，展現權威與力量的舉動只要有一次就會有下一次，所以我們要找出既有可能成功、就算失敗也沒關係的行動機會。首先，我們最好盡量蒐集相關資訊，研究一下如何達成目標，並擬定縝密的策略和執行計畫。接下來，我們就可以開始在風險較低的情況中，一邊練習展現堅定的態度，一邊精進自己的技巧、方法和能力。

情緒自救練習 24

找出展現堅定態度的機會

1. 想想生活中有哪些方面常讓你覺得挫折，包括職場、家庭、個人、社交等方面，乃至於街坊鄰里的互動或身為顧客的消費活動。針對每一個方面，至少舉出三個例子加以描述。例如以婚姻生活而言，另一半的個人習慣、雙方的分工、對方的溝通風格或教養方式，都可能有讓你覺得挫折的地方。

2. 衡量一下成功的可能性和失敗的後果，按順序排列你所列舉的項目，優先處理成功機會大、失敗的後果可以收拾的項目。舉例而言，寶哥決定開口跟他的朋友提摩西要錢。寶哥借給提摩西兩千塊，提摩西答應三個月內還錢，但他已經欠了一年了。提摩西是寶哥「沒那麼要好的朋友」，衡量一下情況，寶哥覺得甘冒失去這個朋友的風險跟他攤牌。格蘭迪絲則決定開口拒絕幾個「網頁微調」的要求。客户認為只是稍微調整一下，請她免費「順手」改一改就好。格蘭迪絲覺得這些需要「微調」的地方不是那麼重要，就算拒絕配合修改，客户也不至於跟她斷絕合作關係。

最後整理出來的清單，就代表你練習拿出主見、展現內在力量的主要計畫。既然你已經找到自己的目標，也為這些目標排出優先順序了，現在是時候多方蒐集資訊或可用的技巧，好讓你據以擬定策略，成功執行計畫。

蒐集資訊，擬定策略

爲了提高達成每個目標的機會，我們要考慮到自己打算挑戰的人或體系是如何運作的。換言之，我們要掌握相關人等的優先順位和思維模式，掌握相關組織、公司行號或地方主管機關的申訴處理系統，或掌握職場上的生態、階級和人資管理措施。

舉例而言，我請寶哥和格蘭迪絲分別從朋友和客戶的角度看待同一件事，設法掌握對方的心態。寶哥解釋說，提摩西向來心裡不太平衡，一直對寶哥的收入有點眼紅，因爲他賺得比寶哥少一大截。寶哥推測提摩西自認有權花他的錢，因爲反正他負擔得起，所以提摩西也不急著還錢。寶哥指出提摩西一星期就花掉幾百塊美金吃喝玩樂，所以就算是一個月只還幾百塊好了，提摩西絕對還得起欠他的錢。格蘭迪絲則告訴我，她的客戶希望趕在近期將微調過的網頁上線，所以除非眞的有必要，否則他們不可能去找別的網頁設計師從頭來過。

其他蒐集資訊的例子還包括：如果對同事有怨言，我們可以去人事部門找出可用的申訴管道；查出主管機關的職掌部門，我們就知道自己住的那條街「停車讓行」的號誌不見了要打給誰；我們對手機帳單有疑慮，那就去找出電信公司裡有權處理高額款項的人是誰（多數客服人員只有處理小額款項的權限）；吩咐正値叛逆期的孩子用晚上剩餘的時間做家事之前，我們可以先問問孩子第二天有沒有考試。

一旦蒐集好必要的資訊，接下來就要構思一套行動計畫，並推敲一下可能得到的反應。舉例而言，我們可能要想想怎麼問朋友爲什麼不回電話，但又不會顯得帶有指責的意味或敵意。因爲即使朋友搞失蹤讓我們很傷心，跑去指責人家對事情也不會有幫助。或者，我們要想想怎麼對另一半表達不滿，他才不會覺得受到冒犯。因爲就算我們有權不高興，我們也知道氣沖沖地去找他不會有好結果。如果要去問同事爲什麼沒提到我們在小組報告中的功勞，我們可能要想清楚這麼做最佳的時機和地點，以及這麼做想達到的目的是什麼。比方除了單純抒發心中的沮喪之外，我們可以提議下一次的報告由我們來主導，就當是這位同事爲這次疏失給我們的補償。

勤加練習，秉持耐心，持之以恆

賦予自己力量不是一蹴可幾之事。我們要有心理準備，並非所有努力都能立即見效。我們要堅持不懈，一面練習我們的技巧，一面磨礪我們的工具，最終才能有效又持續地把這些技巧和工具用出來。寶哥的首次出擊失敗了，他趁某次聚會找提摩西談，提摩西答應當天晚一點再跟他聊，但後來又說太累，沒力氣聊了。經過這次教訓，寶哥就知道他必須創造一個不受打擾的空間，和提摩西好好聊一聊。而且他要防範提摩西藉故開溜，逃避還錢的話題。

當格蘭迪絲終於致電客戶，談他們額外要她做的工作時，他們強行打斷她，簡直不給她機會說一句話，還說那點小小的修改要不了她多少時間。格蘭迪絲一開始很洩氣，但在反省整個過程之後，她覺得最好是用 e-mail 的方式表達她的意見，因爲這樣客戶就沒機會打斷她，她就能堅定地說完想說的話了。

勤加練習、秉持耐心、持之以恆，是養成個人內在力量的不二法門。一旦試著開始爲自己說話，我們就能評估自己的弱點和長處，檢討自己所用的技巧和工具還有哪些需要改進的地方。每一次的挫折也都能教我們如何擬定更有效的計畫。寶哥決定提出一份具體可行的還款時程表，並連同回郵信封一起郵寄給提摩西。寶哥在信中對事不對人的口吻打動了提摩西，提摩西不僅跟他道歉，還寄回第一筆還款的支票。格蘭迪絲持續用 e-mail 和客戶溝通，直到向客戶爭取到多做額外工作的費用爲止。

寶哥和格蘭迪絲的勝利都讓他們很振奮，他們也因此覺得自己更有力量了，但這只是他們各自走向自信之路的第一步而已。接下來一年，寶哥持續對他的老朋友「斷捨離」，同時也結交了比較支持他、比較把他放在心上的新朋友。格蘭迪絲立下較爲嚴格的收費標準，在同意接下案子之前就先向所有客戶說明清楚。不久，她的自信就提升到可以開始和異性約會了。雖然她沒有特別針對兩性交往這方面的自信下功夫，但在職場上成爲一個更有力量的人，不止帶給她更大的自我價值感，也連帶提升了她對談戀愛的信心。

一旦搞定清單上的第一項目標，獲得成功的結果，我們就該趁勝追擊，盡快處理下一個目標，給自己來個二連勝。雖然情緒免疫系統的強化需要時間，慢慢才會看到免疫功能更有效地發揮出來，但這些小小的勝利很快就會累積起來。加薪或升職、解決跟朋友的衝突、解決跟另一半或家人相處的問題、身爲消費者獲得滿意的服務……，每一件事都會大大鼓舞我們的自信，並改善整體的生活品質。

處方四摘要

- **藥名**：給自己力量
- **用法用量**：只要有可能，就針對生活中各個不同的方面下這帖藥方，例如家庭、職場、朋友、身為消費者、身為社區住戶等方面，重複服用到清單上的目標都達成為止。一旦冒出新的目標，就再加到你的行動清單上。
- **主要療效**：增強有自信、有能力、有權利的感覺，將內在力量展現出來。
- **次要療效**：增強情緒適應力，提升整體的自信心，鞏固脆弱易碎的玻璃心。

處方五：強化意志力和自制力

展現意志力和自制力不僅能增強內在的力量，也能幫助我們更接近目標。而對一個人的自信心來講，增強內在力量和接近目標都有很大的好處。許多人以爲意志力是一種固定不變的人格特質或能力（亦即一個人要麼有很強的意志力，要麼沒有），但它其實比較像一塊可以鍛鍊的肌肉[27]。所以，學會這塊肌肉要怎麼用，我們就能善用它、鍛鍊它、增強它的肌力，並從而建立起我們的自信心。

但有一點很重要，我們務必切記這塊肌肉是會疲勞的。有些人的意志力肌肉可能比較大塊，但如果使用過度，就連最壯的意志力肌肉都會累到動不了。更有甚者，在某一方面過度使用這塊肌肉，連帶也會累得它在其他方面使不上力。舉例而言，面對暴君一般的老闆，如果我們忍了一整天，拚命壓下扯掉他的假髮當飛盤丟過會議室的衝動，到了下班回家時，我們的意志力就已油盡燈枯，沒辦法用在節食的計畫上，克制自己吃一頓健康的晚餐。

更麻煩的是，爲意志力肌肉提供燃料的有限資源，也要供作其他複雜的心智功能之用，像是做選擇、下決定等等都會消耗我們的心力。聽起來可能匪夷所思，但發揮這些看似互不相關的心智能力，都會消磨意志力和自制力。舉例而言，爲了即將到來的穿搭拍攝，我們花了一整天挑選服裝和配件，決定要怎麼搭配，晚上回到家以後，我們可能就擠不出上健身房的意志力了。誠然，忙了一天下來，爲意志力提供燃料的庫存亮紅燈，到了夜裡，我們就常常控制不住自己，難以有效發揮意志力。

爲了將意志力的效用發揮到極致，並借助意志力來建立自信心，我們需要做三件事情：一是強化基本的意志力肌肉；二是管理提供燃料給意志力肌肉的庫存資源，以免資源枯竭；三是降低周遭諸多誘惑的影響力。

鍛鍊你的意志力肌肉

作爲一塊普通的肌肉，意志力肌肉的缺點是：在某一方面用了它就會導致疲勞，使得它更難在其他方面發揮力量。但這種「限制」也有個好處：在小地方練習自制就能鍛鍊大地方的意志力，增強這塊肌肉在大大小小各方面的爆發力與續航力。科學家研究了幾種諸如此類的「意志力訓練活動」㉘，包括：注意姿勢（對駝背的人很有效）；忍住罵髒話的衝動（比起頂多只

㉗ R. F. Baumeister, K. D. Vohs, and D. M. Tice, "The strength model of self-control," *Current Directions in Psychological Science* 16 (2007): 351-55.

㉘ M. Muraven, "Building self-control strength: Practicing self-control leads to improved self-control performance," *Journal of Experimental Social Psychology* 46 (2010): 465-68.

會說「喵的咧」的紳士淑女，意志力訓練對滿口髒話的人比較有效）；忍住吃糖果、餅乾、蛋糕的衝動（對螞蟻人很有效）；每天用握力器兩次，練習握到底不要放開（握力器很便宜，又很容易在體育用品店買到）；以及我個人認為最有效的一招——用你「不」慣用的那隻手（左撇子用右手、右撇子用左手）。

經過一段時間（至少四到八週）的充分「訓練」，常常需要刻意壓下來的反射衝動就會獲得有效的控制（例如駝背、用慣用的那隻手、罵髒話、吃甜食、或手痠時放開握力器）。在各式各樣的研究中，意志力訓練活動對想戒菸的老菸槍、控制不住脾氣的火爆浪子、想要改掉亂買毛病的購物狂，都有很大的幫助。

意志力鍛鍊活動

持續四到八週（越久越好），在每天早上八點到晚上六點之間，盡量練習用不慣用的那隻手做事。練習時間可依個人作息調整，比方你如果值夜班或中午左右才起床，就據以調整練習時間。練習項目包括刷牙、開門、操作滑鼠或滾輪、喝東西（熱飲除外，免得灑出來燙傷）、單手抱東西（小孩和易碎物除外）、攪拌東西、梳頭髮、用叉子（不要同時用刀）、搬東西（除了易碎物之外），乃至於其他任何你一般都用慣用手去做的事。

如果你本來就是「雙撇子」，那就改成練習美姿美儀。隨時注意自己的坐姿要端正。在早上八點到晚上六點之間（視必要調整練習時間），不要駝背、癱坐、半躺半坐或靠在書桌上。

確保燃料庫存充足

就像其他許多在認知和生理雙方面的「肌肉」，意志力肌肉最需要的一種燃料就是血糖（糖分）。科學家早已發現，血糖含量低，要從事勞心費神的活動就有困難，像是發揮意志力控制自己；無意識和不花腦筋的活動則不受影響，像是洗碗。在一項研究中，研究人員先讓研究對象進行花腦筋的活動，降低他們腦部的血糖含量，接著再給他們一杯檸檬水。半數研究對象拿到的是加糖的檸檬水，另外半數拿到的則是加了人工甜味劑的檸檬水（味道一樣但沒有糖分）。過了十五分鐘（人體吸收這杯飲料所需的時間），檸檬水中含有真正糖分的受試者解除疲勞，恢復了腦力，也展現出遠比喝下人工甜味劑者更大的意志力㉙。

㉙ M. T. Gailliot, R. F. Baumeister, C. N. DeWall, J. K. Maner, E. A. Plant, D. M. Tice, L. E. Brewer, and B. J. Schmeichel, "Self-control relies on glucose as a limited energy source: Willpower is more than a metaphor," *Journal of Personality and Social Psychology* 92 (2007): 325-36.

簡而言之，要讓意志力發揮最大的效益，我們就要維持理想的血糖含量。先前花過力氣控制自己或熱量攝取不足，都會讓血糖含量低於理想的標準，導致意志力薄弱。睡眠和休息對於意志力能不能發揮作用也有很大的影響，疲勞或睡眠不足對自我控制的能力都有嚴重的損害㉚。

避開誘惑，避不開就對付它！

一般人每天花三到四小時展現某種意志力㉛。節食者被令人發胖的食物包圍。一棟棟大樓外面多半都有人在抽菸，戒菸者必須從這些人身旁走過。酗酒的人方圓數公里之內總有酒吧或菸酒專賣店。準備期末考的學生要面臨來自朋友和三C用品數不清的誘惑。管不住脾氣的人每天都要碰到令人心煩和火大的狀況。對付這些誘惑最好的辦法，不是高估我們的自制力，而是盡可能避開誘惑㉜。但在避無可避之時，還是有一些錦囊妙計可用。

1. 自相抗衡的大腦

我們的大腦用兩套不同的系統來處理犒賞和風險。面對誘惑時，犒賞系統（去吧！）的音量可能蓋過風險評估（別去！）的音量。在這種情況下，就算無法壓低渴望和慫恿的音量，我們也可以調高風險評估的音量。舉例而言，如果我們正在戒酒，卻發現自己出席的晚宴現場有供應酒精飲料，那麼不妨提醒自己上次喝醉是如何出盡洋相，因爲我們只要喝一杯就停不下來了。我們可以想一想，一旦回到酒鬼的生活，我們會有多懊惱，但如果成功抗拒誘惑，第二天我們會覺得多麼振奮、多麼感激自己。我們可以在腦海中重播上次破戒時老婆臉上的表情，或朋友眼裡的失望。我們可以提醒自己做過什麼承諾，或一開始爲什麼要戒酒，以及一路堅持到現在的理由。事先準備一份風險評估清單，受到誘惑時就拿出來告誡自己，也能爲我們爭取足夠的時間通過考驗。

㉚ R. F. Baumeister, "Ego-depletion and self-control failure: An energy model of the self's executive function," *Self and Identity* 1 (2002): 129-36.

㉛ W. Hofmann, R. F. Baumeister, G. Förster, and K. D. Vohs, "Everyday temptations: An experience sampling study on desire, conflict, and self-control," *Journal of Personality and Social Psychology* 102 (2012): 1318-35.

㉜ G. Lowenstein, "Out of control: Visceral influences on behavior," *Organizational Behavior and Human Decision Processes* 65 (1996): 272-92; L. F. Nordgren, F. van Harreveld, and J. van der Pligt, "The restraint bias: How the illusion of self-restraint promotes impulsive behavior," *Psychological Science* 20 (2009): 1523-28.

2. 將損失降到最低

只要一不小心屈服於誘惑之下，許多人就會洩氣得不得了。然而，「我破戒了」或「我的減肥計畫毀了」之類的念頭，除了允許自己更放縱之外就沒有用處。畢竟本來的計畫都毀掉了，我們何不乾脆大吃特吃，反正都是要從頭來過。

將不小心的破戒當成意志力疲乏的警訊，而不是當成失敗的象徵，明白自己只是需要恢復意志力而已，我們就能在認錯的同時又不至於陷得更深。

3. 避開「觸媒」

許多壞習慣都是被觸媒激發出來的。舉例而言，在一項研究中，研究人員給看電影的觀眾不新鮮的爆米花，再請他們坐下來看電影。就算爆米花已經不新鮮了，他們吃下肚的量也跟平常吃新鮮爆米花的量一樣多，只因他們在看電影！研究人員又請同一批觀眾到會議室裡，邊看音樂錄影帶邊吃不新鮮的爆米花，結果他們幾乎沒碰爆米花一下㉝。人的習慣總有諸如此類的觸媒，像是喝啤酒就會點一根菸來抽、跟某一群朋友在一起就會吸毒、或是坐在客廳沙發上看電視就會啃起指甲來。如果想要改掉這些習慣，我們就得避開相關的觸媒，至少直到養成根深柢固的新習慣爲止。難過歸難過，我們可能還是得拒喝啤酒、避免跟嗑藥的朋友接觸（遠離這種朋友總之不是壞事）、或改成在廚房裡用筆電看電視節目。

4. 練習用正念來忍住衝動、癮頭和渴望

正念是靜心的一種。我們靜下心來觀察自己的感受，不加以批判，純粹觀察而已。本質上，我們等於是變成一個以自己的心爲研究對象的人類學家，由自己來充當外界的旁觀者，跳開來看自身情緒的強度，注意喜怒哀樂在自己身上引起的知覺感受，但不糾結於其中。壓力很大的賭徒魯迪眼看就要把年邁雙親的家賭掉，但壓力龐大的工作耗盡他的意志力，害得他很難抗拒賭癮。我建議魯迪用一個正念的技巧，不止因爲這個技巧對處理一般各種壓力都有效，也因爲某些正念練習對克制衝動、癮頭和渴望很有用（包括賭癮在內）。

要學會克制內心的癮頭與渴望，我們首先要知道這些衝動不管多強烈，總是會隨著時間過去。我建議魯迪用我們的某一次會談來練習，並在一旁指導他這麼做：「放鬆，專注在你的呼吸上。觀察賭博的衝動是如何席捲你，就好像你是一個對人類經驗充滿興趣的外星人。」（魯

㉝ D. T. Neal, W. Wood, M. Wu, and D. Kurlander, "The pull of the past: When do habits persist despite conflict with motives?" *Personality and Social Psychology Bulletin* 37 (2011): 1428-37.

迪是科幻迷）「想像這股衝動的振幅，就像地震儀上讀取到的地震數據。震波傳來時，注意儀表上顯示的高低起伏，注意一道震波的加強與漸弱，注意下一道震波是從哪裡接續下去。當衝動加強時，觀察身體各部位的感覺。當衝動消退時，觀察相同的部位有什麼感覺。持續用這種方式監看自己的生理反應，追蹤一波又一波朝你襲來的衝動，直到一波波的衝動最終都消退為止，就像每一場地震都會歸於平靜。」

專注在自己的呼吸上，想像情緒波動的振幅，注意身體產生的知覺感受。這麼做一方面能幫助我們遠離「震央」，一方面也有助於制止自己順著渴望去行動，一直到那份衝動過去為止。在平時就練習這個技巧，到了衝動來襲時，我們更能順利將它派上用場。幸好，在下一次壓力解除、賭癮來襲之前，魯迪有幾星期可以天天練習正念。到了賭癮又犯的時候，魯迪已經準備好了，最後他也安然通過考驗。他描述當時的情況「很驚險，賭癮持續了一陣」，但成功抗拒賭癮之後，過去無數次屈服於衝動之下的他，不由得對自己信心倍增。

處方五摘要

・藥名：改善自我控制力

・**用法用量**：針對需要意志力和自制力的目標，每日服用這帖藥方。
・**療效**：增強意志力，讓人覺得自己有克制衝動的力量，推動自己朝自我改進的目標邁進，提升自信心。

何時諮詢心理衛生專業人士

自卑是一種根深柢固的心理構造，本章的處方要收到顯著的成效需要時間、努力和決心。如果你覺得發揮不出這些技巧，或你已經付出時間努力過了，還是沒辦法提升自信，則應考慮尋求心理衛生專業人士的建議。

在你的生活中，如果有持續造成自卑的情況存在，例如你有一個精神虐待型的老闆或伴侶，或你再怎麼努力還是一直找不到工作，心理衛生專業人士可以協助你評估是否應該換個環境（因爲如果還是處於「出血」狀態，要重建你的自信心就很困難）。最後，如果你的自信心受損到有傷害自己或別人的念頭，請立即尋求心理衛生專業人士的協助，或就近至醫療院所求診。

【結語】

打造個人的情緒急救箱

人之一生經常要受到心理傷害。不幸的是，截至目前爲止，很少人意識到治療這些傷害的重要，也很少人知道如何有效地爲自己療傷。相反的，我們要麼徹底忽視這些傷害，要麼在不經意間加深了傷口，久而久之，這些傷口就對我們的心理健康造成危害。本書提出的處方都是根據相關領域當前的專業研究，這些處方代表的是入門級的心理急救工具組，亦即我們的情緒和心理剛受傷時可用的藥膏、繃帶和止痛藥。

然而，要當自己的醫生，我們還得爲自己量身打造專屬的心理衛生指導方針，盡可能針對個人的需求，花功夫準備一個情緒急救箱。在面臨喪親、失敗或遭拒等事件時，雖然我們的心裡都會受傷，但受傷的程度和有效的急救處方因人而異。身體不適所用的藥物和處方亦是如此。舉例而言，藥局裡有種類繁多的止痛藥任君選擇，我們可以買來治頭痛、背痛或一般的疼痛，但我們不會隨時在家裡備齊所有種類的止痛藥。透過嘗試與犯錯，我們可以試出哪一個牌子的止痛藥對自己最有效，那它就有可能成爲我們的居家常備良藥。

同樣的道理，你可能會發現，就你個人的心理構造而言，本書的某些情緒急救處方比較有效，某些處方的效果比較差。或者，你可能會發現在某些情況中，某一帖處方對你最有效，換了不同的情況，則是其他處方較爲有效。記下諸如此類的蛛絲馬跡，有助於精進你的情緒緊急自救技巧，在未來碰到狀況時，你會比較知道要選擇哪一帖處方，你爲自己所做的努力也會更有效。

心理學是一門年輕的科學，在這個領域當中，不但持續有新的發現，論點和療法也不斷翻新。話雖如此，本書建議的處方，都是建立在扎實的心理學和心理健康根本假設之上，這些根本的假設不太可能全盤推翻或徹底改寫。然而，即使醫學界發現了感冒的解藥，如果我們疏忽了感冒的症狀，感冒總有可能惡化成肺炎之類更嚴重的呼吸系統疾病。同樣的道理，就算心理學界發現了更有效的策略，如果我們疏忽了失敗、遭拒之類的日常心理傷害，這些傷害總有可能危及我們的心理健康、自信心和情緒的健全。所以，儘管我們的心理急救箱在未來的某一天可能需要更新，但準備一個急救箱、不時使用箱中的法寶，總是有其必要與益處。

我由衷希望大家能從小養成心理保健的習慣，在日常生活中將心理健康排在優先順位，採取必要的步驟增進及維護心理的健康。教孩子練習心理上的衛生保健，指導孩子如何活用情緒急救的原則，這麼做對孩子的人生和社會全體都會有不同凡響的影響。我們要做的，就是讓心理衛生保健變成像牙齒保健那麼普遍的習慣。在有生之年，我們就可以看到一個情緒強韌、心理成熟的新世代，他們能以力量與決心面對人生的艱辛。一旦陷入困境，他們不但能迅速掙脫，也能復原得更徹底。他們的人生遠比當今一般人更快樂、更滿足。

如果這種論調聽起來很天真或很浪漫，我們不妨回想一下，遠在幾個世代以前，活得快樂和心靈富足是很多人想都沒想過的目標。以前的人疲於應付食物之類的基本生存需求，有個遮風避雨的地方就不錯了，遑論什麼快樂不快樂。相隔幾個世代以後，未來的子子孫孫回頭看現在的我們，或許也會很訝異我們怎麼只顧牙齒健康卻不顧心理健康，當我們受到常見的心理傷害時，怎麼很少人想到要用情緒急救的技巧。

當然，截至目前爲止，我們一直缺乏相關的資源和方法，大眾對心理健康和情緒健全的觀念也一直沒能革新。但我們的資源不再是那麼有限了。任何一個想讓情緒更健康、生活更快樂的人，都只需要打開自己的心理急救箱，伸手取出箱子裡的處方。

謝詞

多年來，我一直感嘆於心理學的發展會如何因爲學界和民間的隔閡受到忽視，頂尖的研究結果都深埋在專業的學術期刊中，對一般人的日常生活沒發揮什麼作用。我感嘆明明有這麼多辦法可以用來療傷，我們卻不去處理情緒受創的經驗。大眾對牙齒保健的重視更甚於心理保健，我也一再表示自己看不慣這種現象。不是我對牙齒保健有什麼意見。我跟牙齒沒有仇。我純粹是覺得，我們這麼懂得刷牙和用牙線，卻不懂得照顧自己的情緒和心理健康，這不太對吧。

我爲此埋怨個沒完，幸好，有兩個人決定針對我的埋怨做點事。這兩個人是我的經紀人蜜雪兒．泰斯樂（Michelle Tessler）和我的哥哥兼同事吉爾．溫奇醫生（Dr. Gil Winch）。他們建議（或者應該說是「堅決要求」）我按照自己在第一本書《抱怨力量大》（*The Squeaky Wheel*）中鼓吹的做法，用有建設性的行動來取代無效的抱怨。「寫一本書啊！」他們說：「去蕪存菁，擷取精華，告訴大眾他們需要知道的東西！」於是，我提筆寫下了這本書。當然，他們所做的還不止於此。從頭到尾，我都得到他們無價的支持與鼓勵。蜜雪兒．泰斯樂眞的是很棒的經紀人，能跟她共事實在是我的榮幸。我的雙胞胎哥哥吉爾每天都給我愛、支持、鼓勵、動力和啓發。他一直都是我筆下每一個字的第一位讀者和書評人，沒有他就沒有這本書。

從我們的計畫初具雛型，卡洛琳鞭策我爲這本書找到一個對的架構開始，胡森街出版社（Hudson Street Press）的編輯卡洛琳·蘇頓（Caroline Sutton）和布雷特妮·羅斯（Brittney Ross）就一直給我熱情的回應與支持。她們提出的每一個建議都是一針見血。她們清楚直接又有建設性的編輯意見讓我很受用。

讀我草稿的讀者花了很多時間和心力，他們提出的批評與建議大大改進了這本書的內容。我深深感激瑪雅·克萊（Maayan Klein）、葉兒·莫爾凱（Yael Merkel）和我親愛的同事珍妮佛·霍菲爾特醫生（Dr. Jennifer Hofert）寶貴的專業意見。雷理查（Richard Leff）、法蘭克·安德森（Frank Anderson）、詹姆斯·A·巴拉克勞（James A. Barraclough）和丹尼·克萊（Danny Klein）的建議既實用又有條理，丹尼·克萊的建議尤其如此。潔西卡·雷克門（Jessica Rackman）超乎她的職責所在，百忙之中還騰出時間逐頁給予獨具見地、鼓舞人心、大有助益的評語。

我想謝謝親朋好友對我寫這本書的熱情支持和無比的耐心，尤其是長達數月包容我用「現在不方便，我忙著寫書」的簡訊回應他們的電話。

我很感激個案接受我的建議，願意嘗試新的技巧和情緒急救處方，並針對我們在做的工作提出實用又獨到的見解。他們的開放、信任、努力，以及他們爲自己的健康快樂所做的付出，我不止深深感激，而且由衷敬佩。在我舉出的實例中，我隱去你們的眞實姓名和個資，但你們知道我說的是誰。我很感激你們讓我當成例子來用，也希望你們成爲許多讀者的榜樣，爲大眾示範情緒急救是如何在各方面幫助我們療傷、成長，並改善我們的生活。

國家圖書館出版品預行編目（CIP）資料

情緒自癒：七種常遇心理傷害與急救對策 / 蓋．溫奇（Guy Winch）著；祁怡瑋譯．-- 初版．-- 臺北市：大雁文化事業股份有限公司橡實文化出版：大雁出版基地發行，2021.01
面； 公分
譯自：Emotional first aid : healing rejection, guilt, failure, and other everyday hurts
ISBN 978-986-5401-48-1（平裝）

1. 心理創傷 2. 心理治療 3. 情緒管理

178.8 109020212

BC1087

情緒自癒：七種常遇心理傷害與急救對策

Emotional First Aid:
Healing Rejection, Guilt, Failure, and Other Everyday Hurts

作　　者 蓋．溫奇（Guy Winch）
譯　　者 祁怡瑋
責任編輯 田哲榮
協力編輯 劉芸蓁
封面設計 斐類設計
內頁構成 歐陽碧智
校　　對 蔡函廷

發 行 人 蘇拾平
總 編 輯 于芝峰
副總編輯 田哲榮
業務發行 王綬晨、邱紹溢
行銷企劃 陳詩婷
出　　版 橡實文化 ACORN Publishing
地址：10544 臺北市松山區復興北路 333 號 11 樓之 4
電話：02-2718-2001 傳眞：02-2719-1308
網址：www.acornbooks.com.tw
E-mail 信箱：acorn@andbooks.com.tw
發　　行 大雁出版基地
地址：10544 臺北市松山區復興北路 333 號 11 樓之 4
電話：02-2718-2001 傳眞：02-2718-1258
讀者傳眞服務：02-2718-1258
讀者服務信箱：andbooks@andbooks.com.tw
劃撥帳號：19983379 戶名：大雁文化事業股份有限公司

印　　刷 中原造像股份有限公司
初版一刷 2021 年 1 月
初版六刷 2023 年 7 月
定　　價 380 元
I S B N 978-986-5401-48-1